Lumini & Rodari

Hüterin der Stille

Antonella Lumini & Paolo Rodari

Hüterin der Stille

Aus dem Italienischen übersetzt
von Marc Zollinger

Edition Spuren

Die italienische Erstausgabe dieses Werks erschien unter
dem Titel *La Custode del Silenzio*
2016 im Verlag Giulio Einaudi, Torino

Bahnhofplatz 14, CH-8400 Winterthur
edition@spuren.ch www.spuren.ch

Übersetzung: Marc Zollinger
Lektorat: Peter Wild
Umschlagbild: Alberto Roveri
Buchgestaltung: Martin Frischknecht
Printed in Germany
Druck und Bindung: CPI, Ulm
ISBN 978-3-905752-62-5

Inhalt

Pustinia

Pustinia. Dieses geheimnisvolle Wort ist mir heute Morgen mehrmals durch den Kopf geschossen, während ich im Zug saß, der mich von Rom nach Florenz brachte. Ja, ich habe mich entschieden: Heute betrete ich die Pustinia. Auch wenn ich mich dazu bereit fühle und Antonella mich darauf vorbereitet hat – ein bisschen mulmig ist mir schon.

Was wird mir die Stille sagen?

Ich bin die Notizen unserer Gespräche nochmals durchgegangen. Mehr als ein Jahr ist es nun her, seit ich das erste Mal in ihrem Haus gewesen bin. Ich kann mir selber nicht erklären, warum ich mich erst nach so langer Zeit durchgerungen habe, Antonella zu fragen, ob ich die Pustinia betreten darf.

«Die Stille spricht! Wenn wir sie nicht hören können, liegt es nur an uns.» Das hat Antonella mir mehrmals gesagt, und sie hat durchblicken lassen, dass jeder seinen Moment hat, seine Stunde X, die es ihm ermöglicht, sich dem Zuhören hinzugeben. Es nützt nichts, aufs Tempo zu drücken. Man muss den richtigen Zeitpunkt abwarten können.

Antonella wohnt in einem alten Stadthaus im Zentrum von Florenz. Die Küche ist nur wenige Schritte vom Eingang entfernt. Es ist ein eher weiter Raum mit einem großen, steinernen Rauchabzug über dem Herd, der früher wohl mit Holz geheizt worden war. Unsere Gespräche haben wir hier geführt, am weißen Marmortisch, vor einer Tasse Tee. Antonella hat ihn jedes Mal wieder mit anderen Kräutern zubereitet.

Auch heute sitzen wir hier. Antonella bekommt öfters Besuch. Sie ist es gewohnt, Menschen zu empfangen. Da sie aber auch sehr viele Stunden allein in Stille verbringt, braucht sie immer einige Minuten, um sich in den Rhythmus eines Gesprächs einzustimmen.

Ich erzähle von meiner Arbeit, vom Leben in Rom. Während Antonella zuhört, ruhen ihre dunklen Augen auf mir. Und, wie immer, scheinen diese Augen alles bereits zu wissen, noch bevor ich es ausgesprochen habe. Sie beobachten, ergründen, scheinen auf natürliche Weise fähig zu sein, alles Wichtige aufgrund weniger Indizien zu erfassen.

«Es ist spät geworden», sagt Antonella. «Wollen wir in die Pustinia gehen?»

Wir verlassen die Küche und biegen in einen breiten, mit Fenstern versehenen Korridor ein. Dann gehen wir ein paar Stufen nach oben und betreten ein quadratisches Zimmerchen. Ein Oberlicht, das von Holzbalken eingefasst ist, erhellt den Raum.

An der linken Wand befindet sich eine Matratze, die auf einer Matte liegt. Auf der rechten Seite stehen ein Stuhl und eine kleine Holztruhe, in der Mitte des Raums befinden sich ein Teppich und ein Schemel. Auf einem Tischchen direkt unter dem Oberlicht steht ein Teelicht. Gleich davor an der Wand, etwas in die Höhe versetzt, hängt ein Holzkreuz. Auf der Konsole daneben ruht eine Reproduktion der Ikone der Gottesmutter von Wladimir.

Antonella kniet sich hin und richtet sich auf dem Meditationsschemel ein.

«Setz dich, wohin du willst», sagt sie mir. «Es gibt Leute, die sich auf den Boden setzen. Andere wählen ein Kissen oder den Stuhl. Wiederum andere die Matratze.»

Ich nehme den Stuhl. Er ist ziemlich ungemütlich, oder vielleicht bin es auch nur ich, der darauf einfach nicht die richtige Position findet.

Antonella zündet die Kerze an. Dann steht sie nochmals auf und verlässt den Raum. Sie hat etwas vergessen. Wenig später kehrt sie mit einer tibetischen Klangschale zurück und legt sie vor den Schemel.

«Ihr Ton vibriert stark», erklärt sie mir. «Ich benutze die Glocke, um die Zeit vorzugeben, drei leichte Schläge am Anfang, drei weitere am Schluss, um anzuzeigen, dass die Zeit der Stille vorbei ist.»

Sie zieht sich die Schuhe aus und nimmt wieder Platz. Dann erklärt sie mir einige Dinge.

«Mach es dir bequem, Paolo. Achte darauf, dass du nicht steif sitzt. Es ist wichtig, dass der Körper angenehm ruht. Wir sind hier, um einen Moment der Hingabe zu leben.»

«Hingabe? An wen müssen wir uns hingeben, an was?»

«An den schöpferischen Heiligen Geist, der uns durchströmt. An dessen Umarmung, in der wir aufgehoben sind. Er ist wie ein mütterlicher Schoß, der uns aufnimmt. Bring dein ganzes Wesen zu ihm hin, deine Lasten, deine Leiden, dein Leben, die Freuden, die Schmerzen. Auch die Beziehungen, die dir wichtig sind. Die Menschen, die du liebst. Deine bewusste Seite, aber auch die unbewusste. Das Licht des Heiligen Geistes sieht alles, durchdringt es, regeneriert es. Auch die tiefsten Wunden, selbst jene, die wir vor uns selber verstecken. Wenn du möchtest, kannst du eine Person benennen oder eine konkrete Situation beschreiben. Du kannst das auch wortlos in deinem Herzen tun, wo diese Dinge aufbewahrt werden. Denn das Herz ist der Ort der Erinnerung. Du kannst aber auch nichts sagen, einfach hierbleiben, in dieser liebevollen Atmosphäre.»

Um ehrlich zu sein, habe ich erwartet, präzise Anweisungen zu bekommen, zur Art und Weise des Sitzens oder des Atmens. Doch nichts davon. Und das beunruhigt mich ein bisschen – wie es immer der Fall ist, wenn ich nicht weiß, was auf mich zukommt. Antonella hat das vermutlich wahrgenommen. Denn jetzt nimmt sie den Faden wieder auf. Sicher will sie mich damit zur Ruhe bringen.

«Es gibt Menschen, die Schwierigkeiten haben, sich auszudrücken. Sie müssen zuerst lernen, auf ihr Inneres zu hören. Und es gibt solche, die sofort sprechen müssen. Andere wiederum bringen am Anfang kein Wort heraus. Sie öffnen sich dann aber nach und nach. Die Reaktionen sind unterschiedlich. Wichtig dabei ist nur, dass man wahrnimmt, wie sehr der Heilige Geist der Stille innewohnt. Wie er unser inneres Licht umfängt, es freisetzt und aufleben lässt.»

Ich höre ganz aufmerksam zu, wie versunken. Im ersten Augenblick weiß ich nichts zu sagen. Wunden gibt es schon. Doch bin ich mir über sie nicht im Klaren.

Antonella ruht nach wie vor auf ihren Knien. Ich nehme ihre starke Präsenz wahr. Dann beginnt sie langsam, den Heiligen Geist anzurufen, und lädt mich ein, in den Gesang einzustimmen – doch ich mag nicht. Sie schließt die Augen, den Kopf leicht zur Seite geneigt.

«*Ruah Elohim, Ruah Elohim …*»

«Geist Gottes», in der hebräischen Sprache. Sie wiederholt diese Worte mehrere Male. Wie ein Mantra schwingen sie durchs Zimmer. Die Vibrationen durchdringen Körper und Seele. Die Stimme wechselt von tiefen Tönen zu höheren, berührt die verschlossenen Stellen, öffnet sie, weitet sie aus. Dann wiederum wird die Stimme kristallklar, wie der Klang einer gut gespannten Saite, die lange nachschwingt. Es scheint, als ob nach jemandem gerufen würde – nach jemandem, der sich sehr weit weg befindet.

Der Gesang verklingt. Langsam geht er zu Ende.

Antonella öffnet die Augen, dann folgt der Klang der tibetischen Schale. Der erste Schlag, der zweite, der dritte.

Ich bewege mich nicht, bin aber ziemlich verspannt. Ich schaffe es nicht, mich hinzugeben. Als ob ich irgendwo festgebunden wäre. Im Körper nehme ich eine Schwere wahr, und im Geist überschlagen sich die Gedanken. Ich bin solche langen und intensiven Momente der Stille nicht gewohnt. Eine sonderbare Unruhe durchströmt mich. Ich fühle mich unbehaglich, mir ist mit mir nicht wohl. Ich möchte rausgehen, frische Luft atmen.

Allmählich beginne ich mich zu beruhigen. Ich nehme meinen Atem wahr, spüre das klopfende Herz. In mir fließt das Leben; das rührt mich. Und dann, nach einer Weile, zeigt sich in der Ferne ein Bild: Es ist mein eigenes Gesicht, als ich noch ein Kind war. Aus der Tiefe ist es aufgestiegen. In den unschuldigen Augen erkenne ich den Traum wieder, den ich von klein auf in meinem Herzen trage. Er ist immer noch lebendig, und jetzt verstehe ich auch, dass ich mich nie ernsthaft mit ihm auseinandergesetzt habe. Dieser Traum blieb immer dort, im Hintergrund. Ich habe ihm nie große Bedeutung gegeben, obwohl er es vermutlich wert gewesen wäre. Wie eigenartig, dass er sich gerade jetzt zeigt. Hier in der Pustinia hat er sich mit Macht einen Weg verschafft. Das Bild ist jetzt vor mir – oder nein, nicht vor mir: Ich selbst bin das Bild, es ist mein geheimstes Gesicht. Und nun mischt sich die Stille unter all meine Gedanken. Es ist, als ob es die Zeit nicht mehr geben würde. Als ob sie stillstehen würde.

Dann ist da plötzlich wieder der Klang der Schale. Er schwingt langsam. Einmal, zweimal, dreimal.

Antonella öffnet die Augen, hebt den Kopf.

Ich verspüre ein starkes Bedürfnis, zu sprechen und von meinem Traum zu erzählen. Es gelingt mir, ihm eine Stimme zu geben und ihn ein Stück aus dem Nebel zu befreien, der ihn umgeben hat. Doch es sind nur wenige Worte. Ich kann meine Gefühle und Empfindungen nicht richtig wiedergeben. Deshalb spreche ich nicht weiter und verstumme sofort.

Antonella schaut mich an und flüstert mir zu: «Vertrau den Intuitionen, die sich in der Stille zu erkennen geben. Der Heilige Geist spricht im Herzen, wenn sich die äußeren Stimmen beruhigt haben.»

Wir verbleiben noch einige Minuten in Stille, dann legt sie mir das Evangelium hin und lädt mich ein, es zu öffnen. «Wenn du willst, kannst du den Vers lesen, der dir unter die Augen kommt. Die Stille spricht durch die heiligen Schriften. Schauen wir, was sie dir zu sagen hat.»

Ich blättere ein paar Seiten durch, bis mein Blick anhält, und zwar beim *Markusevangelium*, Kapitel 13, Vers 28 und 29: «Vom Feigenbaum lernt dieses Gleichnis: Wenn jetzt seine Zweige saftig werden und Blätter treiben, so wisst ihr, dass der Sommer nahe ist. Ebenso auch: Wenn ihr seht, dass dies geschieht, so wisst, dass er nahe vor der Tür ist.»

Ich denke sofort, dass der Sommer nahe ist. Dass mein Traum daran ist, wahr zu werden. Es ist kein verschwommenes Bild mehr. Ich habe es in Worte gefasst. Es hat einen Platz in meinem Bewusstsein gefunden. Die in der Seele aufbewahrte Sehnsucht, dieses Verlangen, der Durst nach Spiritualität nimmt Form an.

Wir sammeln uns erneut. Auch wenn es mir nicht gänzlich gelingen will, mich hinzugeben, «dort»zubleiben, an jenem Ort, so hilft es mir doch, mit mir in Kontakt zu kommen. Mit Freude denke ich, dass der Sommer vor der Türe steht. Eine süße Hoffnung verschafft sich in mir Raum. Ich beginne daran zu glauben, bin voller Vertrauen, dass mein Traum bald real werden wird. Es gibt noch weitere Dinge, die mir am Herzen liegen. Ich spüre, wie sie sich bewegen, herumzappeln. Es ist, als ob diese vielen Minuten der Stille einen Stöpsel entfernt hätten. Ich nehme eine dunkle Masse wahr, die herauskommen und sich zeigen will. Doch ich lasse es bleiben. Für heute soll es genug sein.

Ich denke an nichts mehr. Spüre den Frieden in mir.

Antonella bedankt sich und lädt mich ein, das Vaterunser zu beten.

Wir stehen auf, ganz ruhig, und gehen hinaus.

Es ist spät geworden; ich muss zum Bahnhof eilen. Ich verabschiede mich von ihr. Rasch laufe ich die Treppen hinunter. Wenige Schritte später bin ich schon auf der Piazza Santo Spirito, dem Platz des Heiligen Geistes. Ich überquere ihn und gehe dabei an den Gemüseständen der Bauern vorbei. Die nüchterne, milchfarbene Fassade der Basilika schaut mich still und beruhigend an.

Sehnsucht in der Wüste

Was mich schon bei unserer ersten Begegnung faszinierte, war Antonellas Gesicht. Es strahlte Licht aus. Und zwar so viel, dass mir ihre langen, grauen Haare, die sie auf dem Kopf zusammengebunden hatte, ziemlich fehl am Platz vorkamen, unpassend für dieses doch so lichtvolle Gesicht. Bis zu jenem Zeitpunkt hatten wir nur per Telefon kommuniziert. Ihr Blick aber gab mir sofort das Gefühl, als ob wir uns schon lange kennen würden.

Ich erinnerte mich, dass ich so etwas schon einmal erlebt hatte.

Es ist einige Jahre her, ich verbrachte zwei Tage im Gästehaus eines Klosters von Nonnen, die beständig in Klausur leben. Auch mit ihnen hatte ich zuvor nur telefonischen Kontakt gehabt. Zudem blieb es meistens beim Versuch, weil ich einen falschen Zeitpunkt gewählt hatte, die Nonnen waren gerade am Beten oder weilten im Schweigen. Es blieb mir dann nichts anderes übrig, als auf dem Anrufbeantworter eine Nachricht zu hinterlassen.

Es war ein Abend im Winter, als ich bei ihnen ankam. Die Oberin hatte die Schwestern angewiesen, auf mich zu warten. Ich griff nach der großen Glocke, die am äußeren Tor befestigt war, und zog daran. Der Schlag erschreckte mich, und ich hatte Angst, alle damit aufgeweckt zu haben. Es war mir so peinlich, dass ich gleich wieder weglaufen wollte. Doch noch im selben Moment hörte ich das Drehen eines Schlüssels, worauf mich zwei Nonnen, eine ältere und eine junge, mit einem ruhigen und strahlenden Lächeln empfingen. Es war wie ein blendendes Licht.

«Herzlich willkommen, Paolo», sagten sie mit großer Herzlichkeit.

«Es tut mir leid für die Uhrzeit», antwortete ich verlegen.

«Mach dir keine Sorgen», entgegneten sie und duzten mich. «Wir wussten, dass du spät ankommen würdest – kein Problem.»

Ich kann es nicht genau erklären, aber ich hatte damals schlagartig das Gefühl, zu Hause zu sein. Ich befand mich an einem Ort, wo es einfach normal war, dass man auf mich wartete, und wo die auf mich wartenden Personen alles über mich wussten. Als ob sich hinter ihrem Lächeln ein umfassendes Verständnis für meine Person verbergen würde.

Am darauffolgenden Tag hatte ich die Gelegenheit, im Sprechzimmer weitere Schwestern zu treffen. Ein Eisengitter teilte dieses Zimmer in zwei Räume, ich auf der einen Seite, sie auf der anderen. Die Situation war so seltsam, dass ich danach größte Mühe hatte, mich an die Gespräche zu erinnern. Dafür hatten sich die Gesichter in meinen Geist eingeprägt – das Licht, das sie ausstrahlten, der Friede, der von ihnen ausging, trotz des Gitters, das uns trennte.

«Das ist normal», sagte mir eine der Nonnen, nachdem ich ihr meine Eindrücke geschildert hatte.

«Wir sind den ganzen Tag in Kontakt mit Gott, und darum reflektieren wir sein Licht. Viele, die uns besuchen, empfinden es wie du.»

Diese Antwort beeindruckte mich sehr. Und sie ließ mich auf die Idee kommen, dass vielleicht das Kopftuch, mit dem sich die Nonnen ihre Haare bedeckten, nicht nur ein Zeichen des Verzichts oder der Unterwerfung war. Es diente auch dazu, das Gesicht hervorzuheben, damit alle ihr Licht empfangen konnten.

Es war früher Morgen, als ich bei Antonella ankam.

Der Grund, warum ich sie um ein Treffen gebeten hatte, war eine Recherche über neue Eremiten, die ich für meine Zeitung zu realisieren hatte. Zur Vorbereitung hatte ich einige Artikel gelesen, die über solche Personen erschienen waren. Sie zogen sich nicht in entlegene Höhlen oder auf abgeschiedene Berge zurück, wie es früher der Fall war, sondern in normale Wohnungen, vielleicht auch in einen versteckten Dachstock, irgendwo im Herzen unserer Städte. Eine Freundin hatte mich auf Antonella aufmerksam gemacht. Sie sagte mir, dass sie eine ganz einzigartige Eremitin sei. Sie lebe abgeschieden in ihrer Wohnung im Zentrum von Florenz und arbeite Teilzeit in der Biblioteca Nazionale, wo sie sich alten Büchern, vor allem Bibelausgaben widme.

Gleich bei unserer ersten Begegnung berichtete mir Antonella von der «Pustinia» – einer typischen Einrichtung des Eremitentums der orthodoxen Tradition, die sie dank eines Buches für sich entdeckt hatte. *Poustinia, encountering God in silence, solitude and prayer*, lautete der Titel des Originals. Geschrieben hatte es Catherine de Hueck Doherty. In Italien erschien das Buch Ende der 70er Jahre. Antonella hatte bei der Lektüre eine starke Übereinstimmung mit jener Erfahrung gespürt, die sie gerade durchmachte.

«Was genau bedeutet das Wort Pustinia?», fragte ich sie.

«Im Russischen bedeutet es Wüste», antwortete Antonella. «Aber für einen Russen steht es für weit mehr als nur für einen geografischen Ort. Es bezeichnet einen einsamen und ruhigen Platz, den man aufsucht, um Stille zu finden. Es ist ein Ort im Außen, der einen in die innere Stille eintauchen lässt. Pustiniken nannte man früher in Russland jene Männer und Frauen, die alles zurückließen, um sich an solche einsame Orte zurückzuziehen. *Ihre Herzen brannten von der Sehnsucht, mit Gott und seiner immensen Stille allein zu sein,* schreibt Catherine de Hueck Doherty. Dieser unwiderstehliche Ruf führt dich zu einem Selbstverzicht. Stille und Alleinsein entkleiden dich. Auf diese Weise bereitet dich die Wüste, die Pustinia, vor, auf Gott zu hören. In Russland war es weit verbreitet, sich im eigenen Haus ein Plätzchen einzurichten. Irgendwo, versteckt hinter einem Vorhang oder einem Paravent, wohin man sich zurückziehen konnte, um allein zu sein – selbst wenn man in einer Familie lebte. Das wäre auch für uns sehr hilfreich, wenn wir alle Anspannungen und die kontinuierliche mediale Bombardierung hinter uns lassen wollen.»

Das mit dem Vorhang beeindruckte mich. Ich überlegte mir, wo ich bei mir zu Hause einen solchen Winkel einrichten könnte.

Catherine Doherty war auch für mich eine große Entdeckung. Ihre Geschichte, ihre Botschaft passten sehr gut zu meiner Situation. Doherty war vor der bolschewistischen Revolution aus Russland geflüchtet. In ihrer spirituellen Tiefe und ihrem sozialen Einsatz kann sie mit Mutter Teresa, mit Dorothy Day oder mit Schwester Emmanuelle verglichen werden. Nur dass ihre Geschichte viel weniger bekannt ist. Das wunderschöne Buch, in dem sie ihre persönliche Erfahrung beschreibt, ist ein zeitgenössischer Klassiker für das spirituelle Leben. Sie wurde 1896 in eine vermögende russische Familie geboren, verheiratete sich in jungen Jahren mit einem Cousin, dem Spross eines Adelsgeschlechts, und hatte ein Kind mit ihm. Kaum zwanzig geworden, verließ sie ihre Heimat. Nach einer kurzen Periode in Westeuropa zog sie nach Kanada, wo ihre Ehe in eine Krise geriet. Nachdem die Kirche die Nichtigkeit ihrer Ehe anerkannt hatte, heiratete Doherty ein zweites Mal. Sie arbeitete, wurde reich, und überließ schließlich, von einem starken inneren Ruf getrieben, all ihr Hab und Gut den Armen. Mit dem Einverständnis ihres Mannes gründete sie in Kanada Madonna House, eine religiöse Gemeinschaft, die sich für die Bedürftigen einsetzte.

Catherine Doherty war der russischen Spiritualität verbunden und verspürte das Bedürfnis, eine

Pustinia einzurichten – und zwar in der westlichen Welt, in der sie nun lebte, die von der Technik, der Massenkommunikation und der Wirtschaft dominiert wurde. Wie im bäuerlichen Russland begann man nun auch in Madonna House die «Wüste» zu leben. Mitten im Wald wurden kleine Häuser aufgestellt, wo man sich der Stille, der Einsamkeit und dem Fasten hingeben konnte. Dafür brauchte es nur wenig: Bett, Tisch, eine Ikone und die Bibel. Bald schon aber erkannte Catherine, dass die Stille zu einer inneren Haltung heranreifen musste und dass die Pustinia auch «mitten auf dem Marktplatz» gelebt werden konnte. Damit wollte sie betonen, dass die Stille in der Tiefe unseres Herzens gehegt und gepflegt werden muss. Und so kam sie dazu, sich für ein Paradox starkzumachen: die Wüste in der Großstadt zu praktizieren, die Stille in der ohrenbetäubenden Welt zu leben. Nur auf diese Art konnten, nach Catherine Doherty, in der menschlichen Gemeinschaft Gerechtigkeit und Liebe wachsen. Sich selbst definierte sie als «Nicht-Theologin», doch in ihr und durch sie sprach eine außergewöhnliche Weisheit, sie schuf eine Brücke zwischen dem östlichen und westlichen Christentum.

In meinem ausführlichen Artikel über die neuen Eremiten und Eremitinnen widmete ich mich in längeren Abschnitten dem Vermächtnis von Catherine. Und ich sprach über Antonella. Ich schrieb den Text wie aus einem Guss, und zwar für den Kulturteil meiner Zeitung. Nachdem er erschienen war, dachte ich, dass ich es damit bewenden lassen konnte. Doch die Stille, die ich dank jener Reportage kennengelernt hatte, begann in mir zu arbeiten.

Wie ein leerer Kanal

Ich war noch nie in der Wohnung einer Eremitin, und als ich das erste Mal eine solche betrat, war ich gespannt darauf, welchen Eindruck sie wohl auf mich machen würde. Antonella wohnt wie gesagt in einem alten Stadthaus im Herzen von Florenz. Hinter dem Gittertor stand ich vor einer breiten Steintreppe, die nach der ersten Rampe etwas enger und steiler wurde. Ich stieg in aller Ruhe hinauf, bis ich auf eine offene Tür stieß. Antonella wartete auf mich.

Die Wohnung befand sich auf der letzten Etage, und sie war nicht das, was ich erwartet hatte. Ein Ort des Rückzugs, ja, das schon, aber sie bestand aus unterschiedlichen Teilen, die wohl zu verschiedenen Zeiten zusammengefügt worden waren. Die Wohnung war um einen großen Innenhof herum angelegt, und das reizvolle Spiel der aneinandergereihten Fenster gab schon vom Eingang her den Blick auf das Grün frei, auf das hin sich die Zimmer am hinteren Ende der Wohnung öffneten.

Es kam mir vor wie ein planvoll gebautes Haus, ganz unterschiedliche Zimmer und Räume, ungewöhnlich und doch gut aufeinander abgestimmt; passend zum Wesen dieser eher nüchternen Stadt mit ihren klaren Linien. Auf einmal erschien mir Florenz wie ein großer Baum, der aus einem enormen Geflecht aus Ästen bestand. Ein scheinbares

Chaos, in dem zur gleichen Zeit alles genau dort war, wo es sein musste.

«Achtung, Stufe», sagte Antonella zu mir, während sie mich durch die Räume führte. «Und hier hat es noch eine.»

Jedes Detail in diesem sehr speziellen Ambiente war gepflegt, auch wenn vielleicht nicht nach üblichen Kriterien. Das Sofa beispielsweise befand sich nicht im Wohnzimmer, sondern im Korridor, vor einem großen Fenster.

«Das hier», sagte sie und drehte sich mir zu, «ist mein Lieblingsplatz. Hier setze ich mich hin, um zu lesen oder zu telefonieren. Leider klingelt das Telefon manchmal ohne Unterlass, weshalb ich dann den Stecker herausziehen muss. Am Nachmittag zeigt sich hier immer die Sonne, sie bringt ein Licht mit sich, das fröhlich macht.»

Auf der Seite fiel mir ein weißes Holzschränkchen auf.

«Hier bewahre ich meine Notizbücher auf. Sie hüten die Worte, die in den vielen Jahren der Stille hervorgesprudelt sind», erklärte sie mir, während sie weiterging.

Das, was normalerweise das Wohnzimmer hätte sein sollen, war ein fast leerer Raum mit ein paar Stühlen, einem Teppich in der Mitte, einem Büchergestell, einigen Gegenständen und einem kleinen Kamin; die Holzscheite lagen schon bereit. Alles in allem ein sehr wohnliches Zimmer, auch wenn mir nicht ganz klar war, wozu es eigentlich dienen sollte.

Antonella erklärte es mir.

«Die Pustinia ist ein kleiner Raum», sagte sie. «Er ist geeignet, wenn man allein sein oder jemandem zuhören will. Zwei oder maximal drei Personen können dort hinein. Wenn jedoch mehr Menschen zusammenkommen, um die Stille zu teilen, versammeln wir uns hier. Wir setzen uns auf die Stühle oder auch auf den Boden und meditieren gemeinsam. Es hat alles, was es dafür braucht: einen Teppich, die tibetische Klangschale, in der Mitte das Licht, die Heilige Schrift. Es gibt auch den einen oder anderen Schemel.»

Ich wandte mich einem der Fenster zu, von dem aus man ins Grün sah. Vor meinen Augen tauchte ein üppiger Garten auf mit vielen großen Bäumen: Zypressen, Pinien, Akazien, sogar einige kleine Palmen gab es. Weiter unten Rosenbüsche, Hortensien, Gardenien und Lorbeerhecken. So viel Grünraum zwischen den schmucklosen Gebäuden hatte ich nicht erwartet.

Nach dem Wohnzimmer befand ich mich vor einem weiteren Raum. Ich schaute etwas länger hinein, als notwendig gewesen wäre. Antonella lud mich ein, hineinzugehen. Es war ihr Zimmer.

Auch hier gab es nur wenige Dinge, nichts Überflüssiges. Ein weiß gestrichener Holzschrank, ein einfaches Bett, ein Tisch mit einem eingeschalteten Laptop, eine Kommode, auf der sich zahlreiche Fotografien befanden. Unter den vielen Gesichtern erkannte ich Therese von Lisieux und Pater Giovanni Vannucci.

«Hier sind die Bilder der Personen, die mir am liebsten sind», sagte sie. «Ich werde dir von ihnen erzählen: Chiara von Cerbaiolo, Monsignor Gino Bonanni, meine Mutter ... weißt du, ich stehe in engem Kontakt mit denen, die im Jenseits sind. Ich spüre ihre Präsenz. Sie leben. Mit ihnen Zeit zu verbringen, macht richtig glücklich. Das hier ist darum meine Paradiesesecke. Stille und Alleinsein führen zum Kontakt mit den inneren Welten, die Grenzen weiten sich.»

Vom Garten her drang ein Licht durch das offene Fenster, das alles zum Leuchten brachte. Ich wurde fast ein wenig neidisch. Nicht alle verfügen über einen so schönen Ort, an den sie sich zurückziehen können, um zu studieren, zu schreiben.

Antonella wies mich auf ein weiteres wichtiges Detail hin:

«Siehst du meinen Computer? Er steht genau vor dem Bild der Geburt Christi von Piero della Francesca. Ich schreibe dort in der guten Hoffnung, dass meine Arbeit vom Heiligen Geist inspiriert sein möge – eine Geburt der Stille ohne jegliche Einmischung.»

Verwundert sagte ich: «Ich hatte erwartet, hier auf sehr viele Bücher zu stoßen.»

«Die befinden sich in anderen Räumen», antwortete sie. «Es sind aber nicht sehr viele, ich lese nicht viel. Ich bevorzuge die Meditation. Eigentlich genügt mir die Bibel, im Laufe der Zeit habe ich sie durch das eine oder andere spirituelle oder mystische Buch ergänzt.»

Die kurze Führung durch die Wohnung endete in der Küche.

Antonella wies mir einen Stuhl zu, bot mir verschiedene Kekse an und machte sich daran, Wasser für den Tee aufzusetzen.

«Das ist also das Haus einer Eremitin?», fragte ich geradeheraus.

Sie lächelte, atmete tief ein und antwortete: «Ehrlich gesagt, weiß ich das nicht. Ich mag es nicht besonders, wenn man mich so bezeichnet. Etikettierungen behagen mir nicht. Sie scheinen dazu da zu sein, um Menschen zu normieren, als ob alle in einen vorbestimmten Kanon gezwängt werden müssten. Ich bin eine Frau, die zu einem bestimmten Zeitpunkt in ihrem Leben die Stille entdeckt hat. Es war ein unwiderstehlicher Ruf. Und das ist vor mehr als dreißig Jahren geschehen. Schau, es geht nicht darum, Zusammenhänge zu konstruieren, sondern sich von jeglicher Identifikation zu lösen, die Leere zu durchschreiten. Das ist eine ganz andere Sache. Ich sehne mich nach Rückzug. Ich fühle mich wie ein leerer Kanal, durch den das Licht fließt, aber auch die Dunkelheit. Ich bin einfach eine Getaufte, allenfalls eine Hüterin der Stille.»

Das unsichtbare Wirken

Seit langem wünschte ich mir, einem Mystiker oder einer Mystikerin zu begegnen – also jemandem, der in einer einzigartigen Beziehung mit Gott lebt. Ich dachte, Antonella könnte eine solche Person sein, und tatsächlich, nach einigen Unterredungen bestätigte sich meine Ahnung. So fiel dann auch die Entscheidung, ein Buch mit ihr zu schreiben, auf selbstverständliche Art und Weise. Anhand ihrer Erfahrung sollte über die Stille gesprochen werden, über die Möglichkeit, die Stille heute zu leben, sich dem inneren Leben zu öffnen.

Ich komme mehrfach zu Antonella. Immer stärker fühle ich mich von der Stille, der Pustinia, angezogen. Ich möchte Antonella aber auch ganz persönlich kennenlernen, ihren besonderen Lebensweg darstellen, der sich im Lauf von vielen Jahren entfaltet hat.

Wie gesagt, unsere Begegnungen spielen sich fast immer in der Küche ab, bei einer Tasse Tee.

«Die Küche ist ein wenig das Herz des Hauses», sagt sie mir. «Oder besser: der Schmelztiegel, wo sich die Verwandlung der Elemente ereignet. Speisen zubereiten, Teige kneten; all das erinnert daran, dass sich das Leben wandelt.»

Hier wird gelebt; das spürt man an der Wärme, die der Ort ausstrahlt. An der Wand hängt eine

Vitrine aus Holz, in der Gläser zu sehen sind, Schälchen, Tassen in unterschiedlichsten Farben. Über dem Spülbecken hängt ein Gestell für Teller und gleich daneben ein weiteres mit verschiedenen Ablageflächen, auf denen alte Gläser standen, ähnlich jenen, die früher in Apotheken verwendet wurden. Sie sind mit verschiedenen Samen und Körnern gefüllt.

«Was bewahrst du dort auf?», frage ich.

«Getreide, etwa Dinkel, Hirse, Haferflocken, unterschiedliche Sorten von Reis, Buchweizen, Sonnenblumenkerne. Das da wiederum sind rote Sojabohnen. Es gibt dort auch Tonerde, die ich als Heilmittel gegen Entzündungen verwende. Ich habe stets versucht, mich mit natürlichen Mitteln zu kurieren. Die beste Therapie ist immer noch ein gutes Essen, das mit Liebe zubereitet wird und aus reinen, möglichst unbehandelten Produkten besteht.»

Gemeinsam gehen wir in ihre Vergangenheit zurück und versuchen dabei, die wichtigsten Etappen auszumachen; die maßgeblichen Abschnitte ihrer inneren Reise.

Was hat sie dazu gedrängt, die Einsamkeit zu suchen? Und, vor allem, warum hat sie sich heute, nach vielen Jahren des Rückzugs, entschieden zu sprechen? Das sind die ersten Dinge, die ich verstehen möchte.

Angeregt durch meine Fragen, antwortet sie in einer tiefen Ruhe.

«Schon länger verspüre ich das Bedürfnis, mein

Versteck zu verlassen. Heute bin ich bereit, mich der Welt zu stellen. Ich fühle, dass ich reden muss. Tatsächlich tue ich das bereits seit einer Weile, und zwar, indem ich Bücher herausgegeben und mich mit Suchenden getroffen habe. Zu einem bestimmten Zeitpunkt habe ich den Impuls vernommen, über meine Erfahrung zu sprechen – im Wissen darum, dass das, was mir selber geholfen hat, auch anderen eine Hilfe sein kann. Inzwischen hat bereits eine neue Phase begonnen, doch bevor ich mich zeigen konnte, musste ich den richtigen Zeitpunkt abwarten, ohne die Dinge erzwingen zu wollen. Ich habe über dreißig Jahre lang geschwiegen. Ich habe die Stille gehütet wie das wertvollste aller Güter – wie es die Vestalinnen mit dem Feuer getan hatten. Es kommt jedoch der Moment, in dem man nicht mehr schweigen kann. Wenn jemand in sich hineinhört, dann beginnt er, innere Bewegungen wahrzunehmen, und nach und nach wird er mit feinstofflichen Dimensionen vertraut werden. Die spirituellen Gesetze funktionieren wie jene der Natur. Ein Samen, der in die Erde gelegt wird, muss zuerst verborgen bleiben und weich werden. Erst danach, zu gegebener Zeit, kann er aufkeimen und sich zeigen. Dasselbe gilt für das Leben der Seele. Ich habe mich während vieler Jahre verborgen gehalten – all die Zeit, die es für eine Schwangerschaft braucht. Doch jetzt ist der Moment für die Geburt gekommen. Ich muss sprechen, ich muss den inneren Fluss über die Ufer treten lassen. Ich habe immer gewusst, dass das, was ich erhalten habe, nicht für mich allein ist.»

Diese Worte erinnern mich an eine Passage in Catherine Dohertys Buch:

Die Pustinia zu betreten, bedeutet, Gott zu lauschen. Es bedeutet, in die Kenosis zu gehen, in die Selbstentäußerung. […] wer von der Pustinia gerufen wird, muss sie betreten oder sterben, weil Gott ihn gerufen hat, […] um mit ihm in dieser schrecklichen Stille zu sprechen, in dieser so sanften, liebevollen Stille! Denn Gott hat jenen etwas zu sagen, die er zur Pustinia ruft. Und das, was er ihnen sagt, muss der Pustinik weitersagen – so, wie es die Propheten tun.

Auf einmal nehme ich eine Gefühlsstimmung wahr und verstehe, was sich gerade abspielt. Jetzt, in diesem Moment, während wir an unserem Tee nippen, keimt etwas auf, das langsam herangereift ist: durch ganz alltägliche und höchst simple Geschehnisse, ständig wiederholt, ausdauernd, freudvoll, aber auch leidvoll. Mir wird klar, dass ich Antonella nicht zufällig begegnet bin. Unser Treffen wurde durch meine Sehnsucht nach dem inneren Leben vorbereitet, eine Sehnsucht, die sich auch in meiner journalistischen Recherche gezeigt hat. Und dies vermischt sich nun mit Antonellas Treue ihrem eigenen Ruf gegenüber, der sie, in ihrer Hingabe an die Stille, in die Verborgenheit einer entwaffnenden Einsamkeit geführt hat.

«Es war nicht einfach, diesen Ruf zu schützen», sagt Antonella. «Niemand nimmt sich so ein Unterfangen vor, niemand erkennt es. Ich wusste nur, dass ich diesen Ruf gut hüten musste. Es ist der Heilige Geist, der schließlich die Wege öffnet. Ich vertraute ihm und wartete ab. Vertrauen heißt, alles jener schöpferischen Dynamik zu überlassen und zu warten. Natürlich, man muss tagtäglich sein eigenes mühseliges Teil dazu beitragen. Akzeptieren, dass man ‹dort›zubleiben hat, in der Dunkelheit, ohne sehen zu können, ohne zu verstehen, wohin man geht. All das ist notwendig, damit die Zeit heranreifen kann, in der das schöpferische Werk in Aktion tritt. Es geht aber nicht darum, selber kreativ zu sein, sondern Mitschöpferin zu werden, wie es Simone Weil ausdrückt: gefügiges Instrument der schöpferischen Kraft, denn die Schöpfung ist immer in Aktion. Je mehr wir passiv sind, desto aktiver werden wir, und zwar indem wir uns von jenem überreichen und stets überraschenden Wirken bewegen lassen, das nichts mit unseren Absichten und nichts mit unseren Vorstellungen zu tun hat. Akzeptieren, dass man zu warten hat, die Kanäle unserer Seele offen für das Aufleuchten der Signale des reinen Lichts. Die physischen Augen sehen es nicht, die inneren Augen jedoch sind wie geblendet und bleiben dort, unbewegt, durstig. Je länger sie sich an dieser Tränke aufhalten, desto stärker beruhigen sie sich, sie verkosten eine Glückseligkeit, die sie erfüllt und gleichzeitig auslöscht. Die Zeit ist reif, wenn die Bedingungen dazu erfüllt sind. Nicht nur in uns, auch außerhalb. Ich bin sicher, oder besser: Ich erlebe es schon, dass die Menschen nun bereit sind fürs Zuhören. Es ist gewiss kein Zufall, dass du, Paolo, hier angekommen bist. Zugleich ist es ein kleines Wunder. In dir habe ich ein Zeichen gesehen.»

«In welcher Hinsicht?», frage ich erstaunt.

Antonella schaut mich sehr intensiv an.

«Hinter dem Sichtbaren gibt es ein immenses unsichtbares Wirken, das sich unserer Wahrnehmung entzieht, das wir nicht ausmachen können. Alles ist ein Wunder, eine Sache, die ins Staunen versetzt, verwundert. Wunder und Verwunderung haben denselben Wortstamm. Lieber Paolo, ich habe etwas zu überbringen. Ich werde dich auf diese Reise mitnehmen. Jetzt kann sie erzählt werden. Die Zeit ist reif, sie drängt.»

Der Tee ist ausgetrunken. Es ist fast Mittag. Ohne es zu merken, haben wir uns drei Stunden lang unterhalten.

Dialog mit dem Tod

Es war im Jahre 1980. Antonella war 28, als sie begann, eine starke Sehnsucht nach Einsamkeit zu spüren. Sie hielt sich nicht für eine Gläubige. Seit der Zeit des Religionsunterrichts hatte sie nichts mehr mit Religion zu tun gehabt. Dafür beteiligte sie sich am politischen Leben. Ihr Wunsch, allein zu sein, war keine Flucht, nicht vor der Welt, nicht vor den Freunden, mit denen sie in den Jahren nach 68 die politischen Kämpfe und die Hoffnungen teilte. Und es war schon gar nicht die Suche nach einem ruhigeren Leben, einer Nische, in die sie sich vor den Unwettern einer schwierigen Gesellschaft hätte verkriechen können. Es war vielmehr eine tiefgreifende Notwendigkeit, die sie niemandem erklären konnte, nicht einmal sich selber.

1975, knapp 23-jährig, war sie schwer krank geworden. Die Prognose war erschütternd: Höchstens fünf Jahre habe sie noch zu leben. Das war der Beginn einer radikalen Veränderung. Sie entschied sich, auf die starken Medikamente zu verzichten. Ohne sich viele Gedanken zu machen, vertraute sie sich der Makrobiotik an. Innerhalb weniger Monate wurden ihre Werte wieder normal – was die Ärzte mit Unglauben zur Kenntnis nahmen. Sie wollten nicht von einer Heilung sprechen, sie sagten, es müsse eine falsche Diagnose vorgelegen haben. Doch im Blick auf die Krankheitsgeschichte und die verschiedenen Biopsien erwies sich diese Aussage als unwahrscheinlich.

Es folgte eine sehr intensive Zeit. Antonella besuchte damals die philosophische Fakultät, hatte schon fast die Prüfungen hinter sich, als sie sich, angeregt durch die Erfahrungen mit der Makrobiotik, mit östlicher Philosophie auseinanderzusetzen begann. Sie entdeckte ganz neue Dimensionen. An die Dialektik der Gegensätze gewöhnt, wurde sie überwältigt vom Prinzip der Nicht-Dualität und einer alles vereinenden Harmonie. Das drang tief in sie ein und legte eine unbewusste Verunsicherung frei, jene Entfremdung, die auf die Abspaltung von Körper und Geist zurückgeht.

«Es kam mir wie eine Wunderheilung vor», erzählt Antonella. «Was mich nach all diesen mit Erlebnissen und Begegnungen so reich erfüllten Jahren überwältigte, war die Konfrontation mit dem Tod. Er schaute mich an, ich schaute ihn an – in einem stummen Dialog. Er war ein Feind, ein Unbekannter.»

Sie begann, sich unverstanden zu fühlen. Die Kolleginnen und Kollegen von früher, auch ihr Freund, vermochten ihr auf dieser intensiven und schmerzvollen Reise nicht zu folgen. Sie begann eine längere Psychoanalyse. Alles, was sie innerlich erfüllt hatte, wurde in Frage gestellt, es war eine Gefühlskrise, ein Tiefpunkt.

«Es war wie ein Stromschlag. Ich verstand, dass ich von hier nicht mehr flüchten konnte. Alle meine Illusionen waren zerschlagen. Ich lernte die Leere kennen. In diesem Augenblick aber öffnete sich etwas in mir. Eine starke Sehnsucht nach der Natur begann mich zu durchdringen. Und so entdeckte ich die Stille.»

In der Einsamkeit fand sie Frieden, Ruhe, Harmonie. Sie gab sich in den Landschaften um Florenz langen Wanderungen hin. Sie setzte sich für Stunden an das grüne Ufer des Arno, nur um das Fließen des Wassers zu betrachten. Sie liebte es, in den Wäldern zu verweilen, unter den Bäumen. Sie umarmte deren Stämme, spürte, wie darin das Leben floss.

«Der Lebenssaft stieg von den Wurzeln zu den Ästen hoch, wo das Laub sich dem Himmel entgegenstreckte, um das Licht aufzunehmen.»

Ihre Eltern beobachteten sie mit Distanz und in Sorge. Sie wussten nicht, was sie sagen sollten, konnten nicht eingreifen, hatten gar Angst, zu fragen. Sie waren so von ihrer Arbeit eingenommen, von den Verpflichtungen des Lebens, dass sie für die Tochter nie genug Zeit hatten. Antonella spürte ihnen gegenüber eine große Distanz und das Unvermögen, zu kommunizieren. Kein Wort konnte die Kluft überbrücken.

Auf Antonellas Familie lag ein Schatten – die Erinnerung an ein traumatisches Ereignis, zu schmerzhaft, um es anzugehen: der Tod des Großvaters Carlo, des Vaters ihres Vaters Aleandro. Aleandro war 14 Jahre alt, als er erfuhr, dass sein Vater in einer Razzia verhaftet worden war. Es war der 8. März 1944. Carlo war kein Jude. Er wurde aber abgeführt, während er auf der Baustelle arbeitete, zusammen mit anderen Männern, die sich wie er ganz ruhig verhalten hatten – im Tausch gegen einige Frauen. In Florenz und der Provinz hatten die Nazis einige hundert Personen festgenommen, als Reaktion auf den Generalstreik, den das Komitee für die nationale Befreiung organisiert hatte. Sie wurden auf die Piazza Santa Maria Novella geführt und von dort aus auf einen aus Viehwagons bestehenden Zug getrieben, der sie nach Mauthausen verfrachtete. Carlo hatte nicht mehr lange zu leben. Wenige Monate nach der Deportation wurde er in die Gaskammer geschickt. Die Nachricht seines Todes erreichte die Familie erst ein Jahr später. Kurz darauf, vom Schmerz ergriffen, starb auch Großmutter Gina, die bereits ein schwaches Herz hatte. Und Aleandro, nun ganz allein, überkam eine innere Verzweiflung. Er war ein intelligenter und starker Junge, er reagierte auf den Schicksalsschlag, indem er sich in die Arbeit stürzte. In der Werkstatt war er erfolgreich, gewandt, wurde von allen geschätzt. Und schließlich begann er sich an Grazia zu klammern, an ein Mädchen mit sonnigem Gemüt. Sie wohnte im Haus neben den Großeltern mütterlicherseits, wohin er gezogen war. Einige Jahre später willigte Grazia ein, ihn zu heiraten. Der unterdrückte Schmerz Aleandros blieb jedoch stets ein Tabu, zu dem niemand Zugang hatte.

Während ihrer Kindheit war Antonella erfüllt von einer bedingungslosen Liebe ihren Eltern gegenüber. Wenn sie darüber spricht, blüht in ihr die Erinnerung an ein fröhliches Alleinsein auf.

«Von klein auf lebte ich in einer von strahlendem Licht erfüllten Welt», sagt sie. «Ich verließ diese Welt nie, war immer darin versunken, als ob es meine wahre Heimat wäre. Von dort aus sah ich alles, wusste ich alles, ohne Fragen stellen zu müssen.»

Mit der Pubertät änderten sich die Dinge.

«Ich begann zu urteilen und zu verurteilen. Ein gewaltiger Schmerz überkam mich und zerschlug den Zauber.»

Die Zeit der Rebellion vergrößerte ihre Unduldsamkeit Tag für Tag und führte zum Wunsch, das Elternhaus zu verlassen. In den Jahren des Gymnasiums, aber vor allem danach auf der Universität, entdeckte sie den Wert der Freundschaft, und je mehr sie das tat, desto stärker entfremdete sie sich von ihren Eltern. Es kam zu einer schmerzhaften Trennung: Als die Krankheit an den Tag kam, lief sie davon. Die Mutter sagte nichts. Selbst jetzt entschied sie sich, in Stille zu leiden.

Nachdem Antonella die Universität abgeschlossen hatte, fand sie Arbeit und ein Zimmer in der Wohnung von Freundinnen außerhalb der Altstadt von Florenz, in der Nähe des makrobiotischen Zentrums, in dem sie öfters essen gegangen war, als ob es ihre Mensa gewesen wäre.

«Damals begannen meine Streifzüge in die Hügel, wo die Schöpfung ihre ganze Schönheit offenbarte. Die Natur war damals die einzige Sicherheit, die mir noch geblieben war. Ich machte lange Spaziergänge in den Wäldern, durchs satte Grün, für Stunden alles vergessend. Ich wollte mich von der Harmonie ganz aufnehmen lassen. Ich blieb ganz in Stille, saß versunken auf einem Stein oder auf einer Wiese und verband mich so sehr mit der Umgebung, dass ich selber verschwand.»

«Was meinst du damit?», frage ich.

«Das ist nicht einfach zu erklären. Es war, als ob ich selber Baum, Stein, Wiese, Bach geworden wäre. Es war wie eine Form von Verbundenheit zwischen mir und der Natur des Ortes, an dem ich mich gerade befand. Mich auf diese Weise aufnehmen zu lassen, half mir, mich zu regenerieren. Es nahm mir die Traurigkeit und die Schwere weg. Was dabei genau ablief, konnte ich nicht verstehen, aber das spielte auch keine Rolle. Zu groß war meine Freude!»

Manchmal stieg sie in den erstbesten Zug, der im Bahnhof zur Abfahrt bereit stand. So erreichte sie eines schönen Wintertages, ohne sich dessen bewusst zu sein, den Badeort Viareggio.

«Am nebeldurchtränkten Himmel tauchten transparente Lichtfelder auf, die sich wie ein goldener Mantel auf die Strandpromenade legten. Ich blieb den ganzen Tag dort und schaute ins Meer, bis es eindunkelte. Wie einen Verdurstenden, der in der Wüste nach Wasser sucht, so zog es mich in die Einsamkeit.»

Auf einem ihrer Ausflüge brachte sie der Zug nach Lizzano in Belvedere, einem Städtchen bei Bologna, an der Grenze zur Toskana, in den Bergen von Abetone. Wie so oft zog es sie an einen abgeschiedenen Ort irgendwo in der Natur, wo sie ein paar

Tage in Einsamkeit verbringen konnte. Sie stellte ihre Tasche in der kleinen Pension ab und lief die Platanenallee entlang, die zu einem Aussichtspunkt führte, von dem aus man auf das Tal sehen konnte. Die sattgrünen, lieblichen Berge, die sich dort erheben, formen eine sanfte Landschaft, wie es sie so oft im toskanischen Apennin gibt – doch genau dort wurde alles anders.

«Was geschah?», frage ich sie.

«Es war nur ein Augenblick. Als ich mich an das Geländer stellte, fühlte ich mich plötzlich von einer großen Umarmung umschlungen. Es war ganz deutlich, dass ich nicht allein war. Eine unbestimmte Präsenz, stark, machtvoll, umgab mich. Alles wurde von einem kräftigen Licht eingehüllt. Die Farben in der Natur waren viel intensiver als sonst. Und ich war ganz eingetaucht, drinnen, nicht mehr draußen, nicht mehr getrennt. Ich lebte, mitten im lebendigsten Leben. Alles vibrierte, alles pulsierte. Es war das erste Mal, dass mir die Stille dieses Leben offenbarte – das Leben, das sowohl innerhalb als auch außerhalb von mir floss. Alles Trennende war verschwunden. Die Schöpfung zeigte sich mir unerwartet als ein Kontinuum, als liebevolle Umarmung. Ich nahm nun plötzlich den Strom wahr, der jedes Lebewesen durchfloss. Alles war miteinander verbunden, jedes Wesen Teil einer von Liebe durchtränkten Fügung. Die Stille hatte mir den fürs bloße Auge unsichtbaren Lichtquell offenbart. Auf ihn geht alles zurück, von ihm aus wird alles erschaffen – das Lichtmeer der reinen Substanz, die alles durchströmt.»

Warten auf Gott

Damit begannen für Antonella die Jahre der Reisen und Pilgerfahrten, auf der Suche nach ihren Wurzeln.

Zu Beginn der 80er Jahre gingen viele nach Indien. Auch Antonella war während ihrer Zeit der Krankheit und der Makrobiotik sehr an östlichen Philosophien interessiert. Doch nachdem sie die Stille entdeckt hatte, spürte sie verstärkt den Ruf der antiken Kultur im Mittelmeerraum. Sie zog jeweils allein los, hatte einen Rucksack bei sich und war mit öffentlichen Verkehrsmitteln unterwegs, mit Autobussen, Schiffen, Zügen, Flugzeugen.

«Jede Reise war die Antwort auf einen Ruf. Die erste führte mich nach Sizilien, dann war Griechenland an der Reihe. Wie eine Verdurstende las ich die Werke der Klassiker. Die Kraft des Heiligen, mit seiner geheimnisvollen Aura, war in jeder Fährte zu vernehmen, die ich aufnahm. Sie war in jedem Stein, der sich an diesen Schauplätzen befand. Für mich, die ich mich als Atheistin betrachtete, bedeutete das die Wiederentdeckung des Göttlichen. Es wohnte in diesen Fragmenten der Schönheit, die von der Geschichte weitergegeben wurde und der die Zerstörungskraft der Zeit nichts anhaben konnte. Diese Zeichen erweckten in mir Erinnerungen. Schritt für Schritt spürte ich, wie ich mich einem

Zentrum näherte, zu dem ich mich umso stärker hingezogen fühlte, je mehr es sich mir entzog.»

Allein auf Reisen zu gehen, schenkte ihr einen Zustand der Leichtigkeit, allein wie ein Punkt im Universum, ganz allein mit sich selbst, ohne Scheuklappen. Sie erlebte ein tiefes Gefühl von Befreiung.

«Jede Reise stellte eine Etappe dar, das Stück eines abgewetzten Stoffes, aber ein geahntes Stück. Das Ganze setzte sich wieder zusammen, da ich die Fragmente, die ich fand, sofort festhielt. Die Worte flossen wie ein Bergbach, der seiner Quelle entspringt. Sie strömten aus der Dunkelheit. Es war wie Graben in der Erinnerung, sozusagen eine archäologische Arbeit. Ich wollte unbedingt eine absolute Reinheit wiederfinden, doch diese entzog sich meinem Zugriff. Bald verstand ich, dass mich die Stille buchstäblich in die Wüste schickte.»

Dieser beharrliche Ruf führte Antonella schließlich in den Süden der algerischen Sahara, die sich bis an die Grenzen zu Mali und dem Niger erstreckt. Von Tamanrasset, der Stadt der Tuareg, der Männer mit den blauen Umhängen, zog sie los auf eine Expedition abseits der ausgetretenen Pfade. Die erste Etappe führte sie auf den Assekrem, eine morphologisch faszinierende Hochebene aus Basalt und Lehm.

Antonella erzählt: «Auf einem Gipfel dort, inmitten der Wüste, tauchte ein Gebäude auf, das die Form einer Festung hatte. Dort hatte Charles Eugène de Foucauld bis zu seinem Tod gelebt, von 1905 bis zum

Jahre 1916, als er entführt und umgebracht wurde. Damals sagte mir sein Name nichts, ich hatte ihn noch nie gehört. Ich setzte mich auf den höchsten Punkt eines Felsens, er überragte das an eine Mondlandschaft erinnernde Tal. Dort begann ich tatsächlich die Stille auszukosten, nach der ich mich so innig gesehnt hatte. Absolut und makellos brannte sie sich in meine Seele ein. Tagsüber legte ich große Distanzen zurück. Nur gelegentlich, in einem schattigen Winkel, tauchte eine stachlige Akazie auf. Die Nacht kam immer plötzlich, sodass wir die Zelte jeweils frühzeitig aufstellen mussten. Beim Sonnenuntergang wechselten die Temperaturen sehr schnell von Sommer auf Winter, sie sanken bis auf null Grad. Die Tuareg machten Feuer. Das Essen war eher karg, doch eine warme Suppe gab es immer – gefolgt von der Teezeremonie. Jedes Wort war zu viel, die hellen, funkelnden Augen genügten. Der silberne Mantel der Sterne über uns war ein kompakter Körper aus lebendem Licht, wie ein Kristall, rein und reflektierend. Wir überquerten die Berge des Hoggar, die Dolomiten der Sahara, imponierende Gebirgsketten, die sich isoliert und auf eher chaotische Weise erheben. Die Sandwüste wechselte sich ab mit Wüsten aus Kalk, Lehm oder Stein. Die Geländewagen fuhren die Wadis entlang, die ausgetrockneten Flussläufe. Die enormen Distanzen waren nur anhand von abgetragenen Felsen auszumachen, die von Weitem wie menschliche Schädel aussahen. Während all dieser endlosen Tage begegneten wir nur zwei Hirtenmädchen. Einmal erkannten wir aus der Ferne eine Beduinenkarawane. Sonst nichts.»

«Ein wahrhaftes Abtauchen in Stille, alles in allem. Was löste das in dir aus?», frage ich.

«In dieser nackten Urlandschaft wurde all der nutzlose, schwere Ballast der Vergangenheit deutlich. Sie machte den angehäuften Schutt sichtbar, der mich im Innern belastete. Die Wüste war ein Spiegel der Seele.»

«Ein sehr starkes Erlebnis, habe ich das Gefühl. Und die Reisen, gingen sie weiter?»

«Ja, für einige Jahre. Ich hielt alles in meinen Notizbüchern fest, die ich immer bei mir hatte. Die Stille sprach. Eine innere Stimme sprach auf einer Wellenlänge, auf der alles eins war. Die Dinge erschienen so, als ob sie von einem anderen Blick wahrgenommen worden wären – harmonisch, viel leuchtender. Die Farben waren viel intensiver. Das Unsichtbare zeigte sich im leeren Raum mit seinen Lichthöfen. Alles wurde körperlich greifbar, als ob es von der einen Dimension in eine andere verschoben worden wäre. Ich behielt diese Erfahrungen für mich, erzählte sie niemandem, auch wenn sie mir ein Gefühl der Glückseligkeit schenkten, eine Freude, die ich, wie es mir schien, bis dahin noch nie erlebt hatte. Tatsächlich war es aber die gleiche Freude, die ich schon als Kind gekannt hatte. Sie war einfach für längere Zeit wie versunken gewesen. Ich schrieb fortwährend Gedichte und Geschichten. Sie sprudelten nur so aus mir heraus, wie aus einer Quelle. Ich spürte, dass ich sie zu hüten hatte. Ich liebte meinen Rückzug. Ich war entschieden, sicher. Das Erleben erfüllte mich und gab mir Stolz und Mut. Die Stille erlaubte es mir, mich mit dem intimsten, wahrhaftigsten Teil meines Selbst zu verbinden. Auch wenn ich in Bewegung war, lauschte ich stets dem stillen Ruf aus meinem Inneren. Diese Eingebungen lenkten meine Schritte. Sie führten mich an Orte oder in Situationen, die in mir immer etwas wach werden ließen. Sie wurden so zu Zeichen und gaben den Weg zu jenem unbekannten Zentrum vor, das mich ohne Unterlass rief, sich mir aber nach wie vor entzog. Am Schluss war es wie ein Blitz. Ein plötzliches Aufleuchten. Eines Tages fühlte ich mich dazu gedrängt, eiligst das Haus zu verlassen und eine Bibel zu kaufen.»

Sie konnte sich kaum mehr an die biblischen Geschichten und Erzählungen erinnern. Sie begann sie mit demselben Heisshunger zu lesen, mit dem sie bereits die Klassiker wieder gelesen hatte.

«Zu Hause verbrachte ich viele Stunden in Stille vor einem Teelicht. Ich saß dabei auf dem Boden unter einem roten Kreuz aus Karton, das ich an der Wand angebracht hatte. Ich schloss Türen und Fenster und blieb einfach da, im Dunkeln. Ich fragte mich: ‹Wenn ich jetzt sterben würde, was würde ich spüren?›. Und ich antwortete mir selbst: ‹Einen großen Schmerz›. Den Schmerz, der in mir war. Zusammengekauert tief in mir, stumm, versteckt, verleugnet. Der Schmerz wollte mir etwas sagen. Ich begann wahrzunehmen, dass ich in diesem Schmerz bleiben konnte, ohne dass ich flüchten musste. Alles, selbst der Schmerz, war eingehüllt von der Umarmung der Stille.»

Antonella weilte nun längere Zeit in Kirchen, und zwar vor dem Kreuz, doch sie tat das nie während Gottesdiensten.

«Ich erlebte sie als etwas mir Fremdes», sagt sie.

Einmal jedoch hörte sie einen Priester, der vom Altarraum her sprach. Er hatte eine leise, eindringliche Stimme.

«Es war dieselbe Stimme, die ich in meinem Inneren hörte, die Stimme der Stille. Ich kehrte zurück, um ihn nochmals zu hören. Seine Worte drangen in mein Inneres, sie versetzten Steine, Wände. Es war kurz vor der Karwoche im Jahre 1985. Ich beschloss, mit dem Priester zu sprechen, und bat ihn, mir die Beichte abzunehmen. Es war nunmehr 15 Jahre her, dass ich die Kirche verlassen hatte. Wir setzten uns in einen verborgenen Winkel. Mein Herz war übervoll. Wie Wasser strömte es aus meinem Inneren und entlud sich in einem unaufhaltbaren Weinkrampf. Meine Worte jedoch waren trocken und scharf und legten unbewusste Schichten des Schmerzes frei. Bevor wir uns verabschiedeten, schenkte mir der Priester ein Buch: *Warten auf Gott*, von Simone Weil. Ich verließ die Kirche mit einem Gefühl von Leichtigkeit. Ich suchte die Kiesbänke des Arno auf. Das Wasser floss ruhig, alles erstrahlte. Ich verstand nun, dass ich meine Wurzeln wiedergefunden hatte: Die Liebe Christi, die ich als Kind gekannt hatte, sie hatte mich jetzt durch das barmherzige Mitgefühl, das sich in der Stimme des Priesters ausdrückte, erneut berührt.»

Antonella ging wieder in die Kirche, auch wenn sie sich wie ein Fisch an Land fühlte und nur jenem einen Priester vertraute. Er war ein spezieller Mensch, eine Randfigur innerhalb der Kirche, immun gegen jede Form von Klerikalismus, kontemplativ, zur Stille hingezogen, mehr Mönch als traditioneller Priester. Er ging seinen Weg als Einzelgänger und widmete sich vornehmlich dem Zuhören.

Sie hatten lange Auseinandersetzungen, und es war nicht einfach. Manchmal schienen die Verschiedenheiten unüberbrückbar. Für Antonella blieb die Kirche eine ferne Welt. Es schien ihr, als ob sie in die Vergangenheit zurückgekehrt wäre, in ein anderes Jahrtausend. Diese in sich geschlossene, auf Gewohnheiten beruhende Welt bedrückte sie. Weder konnte sie noch wollte sie sich anpassen.

«Die Begegnung mit Simone Weil war fundamental. Sie wurde mir eine wertvolle Reisebegleiterin. Ihre mystischen, kristallklaren Erfahrungen gaben mir Luft zum Atmen. Einmal von Christus angenommen, hatte sie nicht mehr das Gefühl, dass Gott sie innerhalb der Kirche wollte. Sie verzichtete auf die Sakramente, weil sie die Lehre der Kirche als einen Machtmissbrauch gegenüber dem menschlichen Gewissen betrachtete. Sie war ihrer Zeit voraus, und noch heute wirft ihre Berufung, an der Schwelle der Kirche zu leben, Fragen auf. Auch ich hatte den Eindruck, an dieser ‹Schwelle› zu leben. Simone Weil hatte sie eben verlassen, ich war eben bei ihr angekommen. Unser Ort aber war der gleiche. Es ist ein Ort, der mir heute im Rückblick immer bevölkerter vorkommt. Viele Christen nehmen jene Unstimmigkeiten wahr, die Simone Weil so gut zu benennen wusste. Der Heilige Geist weht, wo er will, und genau dort, auf der Schwelle, an den Rändern, macht er sich ganz besonders bemerkbar. Außerhalb aller Machtspiele, fern der Strukturen, der Organisationen, aber stets in direktem Kontakt mit den Bedürftigen, den Durstigen.»

Für eine Weile besuchte Antonella eine Gruppe, die sich um jenen Priester gebildet hatte, um die Bibel zu lesen. Aber es schien ihr nicht der richtige Ort zu sein. Bald verstand sie, dass sie sich wieder auf den Weg machen musste.

Das Buch der Schöpfung

Sie hatte die Universität abgeschlossen und führte ein intelektuelles Leben. Sie war informiert, stets auf dem neusten Stand des Wissens, wie es eben ist, wenn man zu dieser Gruppe von Menschen gehört. Nachdem sie nun aber die Stille entdeckt hatte, wurde ihr bewusst, dass die akademische Welt nichts mehr mit ihr zu tun hatte. Es war eine Befreiung.

«Ich lernte jetzt eine andere Schrift zu lesen: Die Schöpfung mit all ihren Lichtern, mit all ihren Geheimnissen lag vor mir wie ein offenes Buch. Oder besser: Sie lag nicht vor mir, ich lag in ihr, ich war Teil ihres Geschehens. Der Schlüssel zu ihrem Wesen befand sich in mir. Ihr Alphabet entzifferte ich auf ganz selbstverständliche Weise, es geschah mühelos. Ich tauchte nicht mehr ins Bodenlose. Die Leere war jetzt voll, sie wollte erlebt werden, und zwar ganz real. Je mehr ich die Schöpfung kontemplierte, desto stärker erlebte ich mich als Geschöpf. Innen und Außen gehörten nun zusammen. Nicht mehr voneinander getrennt, separat, alleine, sondern in zärtlicher Umarmung verbunden. Dieses Wunderwerk ließ alle Grenzen aufweichen, machte sie durchlässig. Zudem, über dieses Wunder hinaus, vernahm ich einen vibrierenden Klang. Er kam direkt aus der Stille. Die Sinne wurden immer reiner. Je mehr sich die Sinne den subtilen Vibrationen zuwandten, desto mehr nahm ich aber auch die Schwere des Lärms wahr. Das Getöse erreichte mich wie die Missklänge eines verstimmten Orchesters. Sie zerstörten das subtile Gewebe der Harmonien, ließen es zerfallen wie ein Spinnennetz, das zerstört wird und dessen fast unsichtbare Fäden zu Boden fallen.»

Ich unterbreche Antonella: «Du sprichst von der Stille, als ob sie eine Sprache hätte. Das klingt für mich paradox.»

«Ja, die Stille hat eine Stimme, es spricht die göttliche Ordnung. Es war, als ob ich einen eingelagerten Schatz entdeckt hätte, mit im Gedächtnis eingeritzten Zeichen, die für mich aber unlesbar geworden waren, stumm. Die Stille ist nicht die Abwesenheit von Tönen, sondern das Fehlen von Lärm. Je mehr ich mich mit der Stille verband, desto stärker wurde ich mit jenen verborgenen Frequenzen wieder vertraut. Umso stärker nahm ich aber auch die Gewalt wahr, die vom Lärm ausgeht. Der Lärm signalisiert Distanz zu jener unbefleckten Reinheit der Schöpfung, der die Menschheit eigentlich angehört und deren harmonische Strukturen sie wiedergeben sollte.»

Es war für Antonella nicht einfach, in der heutigen Welt die Stille zu hüten. Sie bemühte sich, so gut sie konnte. Sie versuchte herauszufinden, wann die anderen schliefen, und studierte die Gewohnheiten ihrer Nachbarn – doch der Lärm setzte ihr weiter zu. Florenz ist eine touristische Stadt, in der Nacht sind fast mehr Menschen aktiv als am Tag.

«Wir haben das Gleichgewicht verloren und damit auch das Maß. Wir suchen die Schönheit in den Äußerlichkeiten, die von den bestimmenden Medien vorgegeben werden. Doch die Schönheit ist das perfekte Maß, das vom schöpferischen Akt geprägt wird. Jedes Geschöpf drückt sie auf ganz natürliche Weise aus. Darum tut es auch so gut, sich in der Natur aufzuhalten. Gut und Schön wurden in der Antike mit identischen Begriffen bezeichnet. Je mehr wir zu uns als einem Geschöpf zurückkehren, desto stärker erwacht die Erinnerung an jenes Maß. Es ist die Liebe! Der schöpferische Akt ist das ‹Wort›, es bringt das Unsichtbare ans Tageslicht. Jesus, der dieses ‹Wort› verkörpert, offenbart die Fülle des schöpferischen Aktes. In Jesus wird die unsichtbare Schönheit der menschlichen Natur wieder sichtbar. Er verkörpert das perfekte Maß der Liebe, auf dass wir sie alle sehen können. Wer sie sieht, kann selber lieben und diese Liebe im eigenen Alltag verkörpern.»

Zunächst entzieht sich mir die Sprache, die Antonella verwendet. Ich verstehe sie nicht. Ich merke aber, dass ich mich davon mitreißen lassen sollte, wie von einer Stromschnelle. Und dann, mit der Zeit, werden mir die Worte immer vertrauter. Unterdessen fährt Antonella fort.

«Die verkörperte Liebe zeigt sich in der Menschlichkeit. Je mehr wir sie annehmen, desto menschlicher macht sie uns. Je stärker sie Wurzeln schlägt, desto kraftvoller kann sie sprießen – wie ein Samen in der Erde. Nur wer sie empfängt, kann sie weitergeben. Der Kontakt mit der Liebe ist wie ein Brandmal, das unverkennbare Zeichen der Zugehörigkeit. Um sich jedoch verkörpern zu können, braucht die Liebe eine Ritze, durch die sie eindringen kann. Es braucht unser Einverständnis. Es ist dann an der Liebe, den Freiraum der Seele aufzufüllen und sie von Anhaftungen zu befreien. Ihre leichte Berührung wird stärker, schafft sich Raum, wächst, expandiert. Sie wird zur Achse, um die sich schließlich alles dreht. Die Liebe hat nichts mit den Spielen dieser Welt zu tun, sie steht abseits von ihnen. Aber weil sie diese Spiele sieht und kennt, leidet sie an all dem, was zu ihr im Widerspruch steht. Sie jagt sie nicht fort, im Gegenteil: Sie nimmt sie an und löst sie durch ihr Leiden auf. So leidet die Liebe, weil sie Liebe ist, gerade dort, wo sie keine Liebe sieht. Sie bleibt immer der Wahrheit verhaftet, doch sie urteilt nicht: Sie sieht, erkennt und leidet. Und je mehr sie leidet, desto mehr liebt sie diejenigen, die sich ihr verweigern, sich ihr entgegenstellen und Angst haben, geliebt zu werden. Genau zu ihnen möchte sie gehen. Das ist die Fülle, die sich in der Leere versteckt: eine geheimnisvolle und unerschöpfliche Welle, erfüllt mit reiner Liebe, die einfach nur liebt.»

«Die Liebe ist also eine kontinuierliche Bewegung, die uns durchdringt?», frage ich. «Sie berührt, bewegt, aber ist schwierig zu empfangen: Es ist ermüdend, sich lieben zu lassen ...»

«Die reine Liebe ist frei. Sie kann nicht vermitteln, aber sie fühlt sich verantwortlich für das, was ihr widersteht. Ihr Leiden geht darauf zurück, dass sie die Widersprüche sucht, um sie auflösen zu können. Sie erlöst die Welt, indem sie als Mediatorin wirkt. Die Liebe weist die Welt weder zurück noch verdammt sie sie. Sie erduldet sie. Immer wieder zieht sie sich zurück – zurück in ihre Glückseligkeit, an ihre Quelle. Wenn sie dann erneuert von dort aufsteigt, gewinnt sie jene Kraft, die sie in die Mitte zurückführt, um zu lieben. Diese Bewegung ist das Beziehungsgeflecht der Heiligen Dreifaltigkeit: Der schöpferische Gott ist eins, er ist der Hüter der unendlichen Potenz; und er ist dreifaltig, um die Liebe in Fluss zu halten. Die Liebe weitet sich aus und zeigt sich in der Schöpfung, gleichzeitig bleibt sie in ihrem Ursprung geschützt, der wie ein Brunnen ist, in dem alle Schätze verborgen liegen. Je mehr die Liebe nach außen geht, desto stärker bleibt sie im Innern verhaftet. Indem sie sich zeigt, schützt sie ihr Geheimnis. Ihre Bewegung ist unendlich und ewig. Die Liebe ist immer die gleiche, ob sie in ihrem Ursprung ruht, wo sie geschützt ist, oder ob sie sich in der Schöpfung entfaltet.»

Je mehr sich Antonella dieser Liebe öffnete, desto empfänglicher wurde sie gegenüber dem Leiden. Je mehr es ihr die Sanftheit dieser Liebe erlaubte, mit dem eigenen Leiden in Kontakt zu treten, desto stärker nahm sie auch das Leiden der anderen wahr. Es geschah nun öfters, dass sie Menschen mit schweren psychischen Erkrankungen begegnete. Und so entwickelte sich ihre Bereitschaft, den Menschen zuzuhören. Ich bitte Antonella, mehr davon zu erzählen.

Doch sie geht nicht darauf ein. Ich merke es und insistiere nicht. Dann fährt sie mit ihrer Erzählung fort.

«Das Siegel der Zugehörigkeit, durch das sich die Liebe mit uns verbindet, ist kein Besitzzeichen, das uns zu Sklaven macht, im Gegenteil, es ist ein Kennzeichen, das frei macht von Besitz, Anhaftung und Abhängigkeit. Es ist eine Art Befruchtung und stellt das Gleichgewicht wieder her, das zu einer reichen Blüte führt. Dieses Kennzeichen schenkt den Frieden, der wie eine Rückkehr nach Hause erlebt wird – die Rückkehr zu jener Matrix, aus der jedes Leben geboren wird.»

Die Berührung der Liebe, die Antonella durch die Stimme jenes Priesters zuteilgeworden war, erweckte ihre Seele in ihrer ganzen Tiefe. Die Unruhe, die sie zur Suche getrieben hatte, war die Sehnsucht nach der reinen Liebe, mit der sie bereits als Kind Bekanntschaft gemacht hatte.

«Dieses Verlangen ließ sich nicht stillen und wurde zur Qual. Es ist der Heilige Geist, der in der Seele diese Erinnerung wach hält. Er ließ mich nie los, indem er die Sehnsucht am Leben hielt. Und dann änderte sich alles. Ich konnte mich meinem Schmerz zuwenden, seiner Stimme lauschen, fühlen, was er mir zu sagen hatte. Während ich mich der Stille hingab, erneuerte sich die frühere Nabelschnur, durch welche die Liebe fließt, um uns zu nähren. Dort in der Stille füllte sich die Leere auf, bis daraus Fülle wurde. Es war wie ein Moment der Glückseligkeit, der mich in ein Jenseits der Zeit führte. Die Sehnsucht lässt die Erinnerung an die Ewigkeit wach werden, sie wird nie müde, uns zu sich zu rufen. Sie nimmt den Platz aller anderen Sehnsüchte ein, die allmählich verblassen und dann verschwinden.»

Ich bleibe nur zu gerne, um Antonella zuzuhören. Ich erspare mir aber das Kopfzerbrechen, das Gesagte verstehen zu wollen. Stattdessen beginne auch ich von jenem übersprudelnden Wasser zu trinken. Es ist frisch und hilft mir, eine geheimnisvolle Glut zu kühlen, die bis zu diesem Moment nie so klar in Erscheinung getreten war.

Eine weltliche Schwester

Auf der Suche nach Orten der Stille gelangte Antonella nach Cerbaiolo. Eine Freundin hatte ihr von einer Einsiedelei erzählt, die auf dem Gipfel eines Berges versteckt lag; dort lebte seit 1975 Chiara mit ihrer Ziegenherde, eine weltliche Schwester, die inzwischen verstorben ist.

Auch Chiara hatte bereits in ihrer Jugendzeit den Ruf der Stille vernommen. Sie hatte zuerst ans Klosterleben gedacht, doch dann gaben ihr verschiedene Ereignisse zu verstehen, dass sie davon absehen sollte. Sie blieb in der Welt, wo sie ein gottgeweihtes Leben führte. Gleichwohl hörte sie nicht auf, sich unruhig zu fühlen. Sie wünschte sich, ein einfaches Haus zu finden, wo sie Gottes Liebe in Eintracht mit allen seinen Geschöpfen leben konnte.

«Ich würde gerne an einem einsamen, aber nicht abgeschlossenen Ort leben, ohne eine andere Regel als die, den Herrn in allen Dingen zu lieben.» Das hatte sie als 15-Jährige auf einen Zettel geschrieben, nachdem ein Priester sie darum gebeten hatte, ihren Ruf zu beschreiben. Als sie Mitte der 60er Jahre Cerbaiolo entdeckte, erkannte sie sofort, hier den lange gesuchten Ort gefunden zu haben. Es waren Benediktiner, die in der Nähe von La Verna im 9. Jahrhundert dieses Kloster auf einem hohen Fels gebaut hatten. Später lebten Franziskaner dort, und im

18. Jahrhundert wurde aus dem Kloster ein offizieller Pfarrsitz. Während des Zweiten Weltkriegs wurde es von der deutschen Wehrmacht, die sich auf dem Rückzug befand, bombardiert. Als Chiara das Kloster entdeckte, war es nicht mehr als ein Schutthaufen. Doch davon ließ sie sich nicht entmutigen. Kein Hindernis konnte sie von ihrem Weg abbringen, und so gelang es der zähen Schwester, auch die Diözese und andere Stellen für den Ort zu gewinnen, sodass die Renovierung in zehn Jahren beendet war. Am Anfang richtete sie sich in der Kammer ein, die am wenigsten unbewohnbar war. Dann, als die Arbeiten abgeschlossen waren, zog sie definitiv ein und blieb bis zum Ende ihrer Tage. Sie lebte mit ihren Ziegen, den Hunden, den Katzen und einer Schleiereule. In größter Einfachheit empfing Chiara all jene, die bei ihr Stille und Abgeschiedenheit suchten.

Antonella kam zu Fuß in Cerbaiolo an, und zwar an einem Morgen des Jahres 1980. Der Fahrer des Busses nach Pieve Santo Stefano ließ sie aussteigen, noch bevor das Dorf erreicht war, an der Stelle, von der eine Schotterstraße durch Wälder und Blumenwiesen zur Einsiedelei führte. Als sie hochlief, erschien ihr oben am Gipfel Cerbaiolo in strahlendem Weiß. Als Antonella eintraf, war gerade Mittagszeit. Sie ging in den Hof und betrat die große Küche. Chiara war gerade an den Töpfen. Sie schaute die Besucherin an und sagte: «Ich habe dich erwartet», und damit vermittelte sie Antonella sogleich ein Wohlbefinden.

«In dieser enormen Küche gab es alles, es war eine eigene Welt außerhalb der Welt. Im großen Kamin brannte ein schönes Feuer; es knisterte und roch. Am Boden lag eine Ziege und daneben zahlreiche Katzen, müde und mit etwas zerrupftem Fell. Alles war einfach, echt, ohne jede Förmlichkeit oder Scheinheiligkeit – gerade das, wonach ich gesucht hatte. Mit Chiara fand ich schnell ein gutes Einvernehmen. Sie war eine starke Frau, direkt, ein Fels; wie jener, auf dem die Einsiedelei erbaut worden war.»

Antonella begab sich immer öfter nach Cerbaiolo. Immer wenn sie sich bedrückt und schwer fühlte und in ihr das Bedürfnis hochkam, sich der Stille hinzugeben, ohne dabei gestört zu werden. Dieser Ort war für sie eine echte Lebensschule.

«Von der ersten Begegnung weg, kaum hatte mich Chiara über Stille und Einsamkeit sprechen hören, begegnete sie mir mit einer besonderen Aufmerksamkeit. Mit den Jahren wurde unsere Beziehung immer stabiler. Sie war eine Meisterin des Geistes und, vor allem, eine Meisterin des Lebens. Diese zwei Ebenen sind nicht voneinander zu trennen. Für sie spielte alles zusammen. Sie durchschaute das Vordergründige. Sie ließ sich vom inneren Licht leiten und wusste in den alltäglichen Dingen die Zeichen zu lesen. Alles war wichtig, und es musste auf bestmögliche Weise erledigt werden. Als echte Franziskanerin liebte sie die Geschöpfe und die Schöpfung, indem sie sich mittendrin bewegte, sich die Hände schmutzig machte. Sie war aufmerksam, rücksichtsvoll, eine Mutter ohne Masken, schlicht, streng, manchmal auch zärtlich.»

Chiara hatte immer die Hände voll zu tun, erzählt Antonella. Vor allem mit den Ziegen. Am Anfang besaß sie nur wenige, dann gab es immer mehr. Die männlichen Zicklein musste sie weggeben, aber die Mutterziegen behielt sie alle. Am Schluss waren es fast 200. Sie forderten ihr enorm viel Arbeit ab, die Geburten, die Krankheiten, der Wolf, der immer wieder auf Raubzug vorbeikam. Chiara war stets beschäftigt und führte ein schlichtes, hartes Leben.

«In Cerbaiolo fühlte ich mich inzwischen wie zu Hause. Chiara kannte meine Gewohnheiten und überließ es mir selber, wie ich meine Tage bei ihr verbringen wollte. Zu Beginn lief ich jeweils frühmorgens hoch zum Gipfel des Berges, wo sich der Horizont auf 360 Grad öffnete. Hinter meinem Rücken gab es nur dichte, rauschende Wälder. Vor mir zog sich das Tal mit seinen lieblichen Farben hin, die zusehends an Kraft verloren, bis sie schließlich im Schein der Ausläufer des Apennins ganz verblassten. Später dann, als ich mich besser eingelebt hatte, ging ich jeweils hinunter zur Kapelle des Heiligen Antonius, die sich tief im Wald befand. An dem Ort war schon Franziskus vorbeigekommen, und Antonius hatte hier die letzten Tage seines Lebens in einer Klause verbracht. Gleich unterhalb der Kapelle und direkt an den Ausläufern des Felsens war eine Einsiedelei errichtet worden. Man betrat sie durch eine enge Türe, die von einer mächtigen Kette geschlossen gehalten wurde. Ein düsterer Flur führte über eine Treppe zu einem Zimmer, auf der einen Seite schmiegte es sich an den Felsen, auf der anderen Seite wurde es durch eine gemauerte Wand mit zwei schönen Fenstern abgeschlossen. Ein Tisch, ein Bett – eine echte Pustinia! Damals gab es dort weder Wasser noch Strom. Am Anfang verbrachte ich dort gleich mehrere Tage. Dann zog ich es vor, jeweils nur bis zum Abend zu bleiben. Jene längeren Zeiten der Stille prägten mich und reinigten mich von allen Gedanken, von allen Bürden. Die Stille stöberte sie auf, wo sie sich eingenistet hatten. Und wie durch Osmose nahm sie diese Bürden und Gedanken in sich auf und trug sie fort. Dieser Ort war mir ein Schlupfwinkel der Seele.»

Wenn sie jeweils abends zurück in Chiaras Einsiedelei war, half sie der Eremitin in der Küche. Es gab immer etwas zu tun, Salat waschen, Brot schneiden, den Tisch decken. Gelegentlich hielt sich Antonella etwas länger am großen Marmortisch auf, um Gemüse und Obst zurechtzuschneiden, das die Bauern oder Gäste gebracht hatten, woraus dann etwa Marmelade gemacht wurde. Wenn Antonella mit Chiara allein war und gerade keine Gäste da waren, schüttete sie öfters ihr Herz aus.

«Wir konnten miteinander sprechen, als ob wir von einem Strom fortgetragen würden, der uns in das offene Meer führte, wo alles leuchtete und leicht war. Wir waren miteinander in einem guten Einklang. Chiara verstand und unterstützte mich, sie machte mir Mut. Sie war entschlossen, stark, ich etwas zerbrechlicher, unsicherer. Durch das Vertrauen, das sie mir gab, beschützte sie mich. Ich fühlte ihre

Wertschätzung, ihre Achtung, die sie vor mir hatte. Manchmal jedoch wurde sie auch wütend. Sie beschimpfte mich, wenn sie Zweifel wahrnahm. Von ihr konnte ich alles akzeptieren.»

Kurz nach der Zeit in Cerbaiolo hatte Antonella die Gelegenheit, die Einsiedelei San Pietro alle Stinche kennenzulernen. Diese befindet sich an der Grenze zwischen den Regionen Florenz und Siena. Sie war in den 60er Jahren von Pater Giovanni Vannucci begründet worden, einem Ordensbruder der Serviten aus dem Konvent Santissima Annunziata in Florenz, wo sich auch Pater David Maria Turoldo aufhielt. Pater Vannucci, der sich stark zur Stille hingezogen fühlte, hegte schon lange den Wunsch, sich in eine Einsiedelei zurückzuziehen. Er war ein echter Mann des Geistes, offen für die Begegnung mit allen Traditionen, er wurde zu einer wichtigen Bezugsperson sowohl für Gläubige als auch für Nicht-Gläubige und für Menschen aus anderen Kulturen und Religionen. Seine Lektüre der mystischen Schriften war sehr umfassend, er gab ihnen eine große Bedeutung, wie es in seinen eigenen Schriften nachzulesen ist. Während vieler Jahre verbrachte Antonella die Wochenenden in seiner Einsiedelei. Sie nahm jeweils den Überlandbus bis Panzano und ging von dort zu Fuß weiter, eine Landstraße entlang, zwischen Olivenhainen und Rebgärten hindurch. Rund eine halbe Stunde dauert der Marsch.

Leider hatte sie nur noch wenig Zeit, den Pater kennenzulernen, an einer Feier und an einer seiner

Messen teilgenommen zu haben, bildet für sie eine ganz besondere Erinnerung.

Das erste Mal, als sie die Einsiedelei besuchte, sah sie ihn im Garten in stiller Einkehr auf einer Bank sitzen. Ihm zu Füßen sein Hund.

«Ich hatte nicht den Mut, mich ihm zu nähern und mit ihm zu sprechen. Ich war wie von einer ängstlichen Ehrerbietung durchdrungen. Es war mir unmöglich, seine Ruhe zu stören. Und ich dachte, dass es sicher noch andere Gelegenheiten geben würde. Nichts falscher als das! Als ich das nächste Mal in der Einsiedelei eintraf, war der Pater schon gestorben. Ein Infarkt. Innerhalb von zwei Tagen war er gegangen und hinterließ alle in großer Bedrückung und Schmerz. Auch für mich war es ein schwerer Schlag. Ich hatte so etwas nicht erwartet. Dieser Verlust hat mein Leben ziemlich belastet. Die Gelegenheit, mich mit ihm auszutauschen, hätte mir gewiss viele Zweifel und Mühen erspart. Natürlich gab es seine Bücher und alle anderen Spuren, die er hier hinterlassen hatte, in denen seine intensiven spirituellen und menschlichen Erfahrungen weiterhin nachhallen. Und es gab auch die Personen, die ihm während vieler Jahre gefolgt waren, die von ihm wie von einer Quelle getrunken hatten. Doch der direkte Kontakt, da bin ich mir sicher, hätte etwas Wesentliches hinzugefügt. Ja, ich hatte gehofft, zu ihm eine Beziehung aufbauen zu können, sie hätte mir geholfen, mich zu öffnen und von jener Erfahrung zu berichten, die ich immer noch in größter Einsamkeit hütete.»

Kathedrale des Wissens

Diesmal treffe ich mich mit Antonella in der Biblioteca Nazionale Centrale di Firenze. Das monumentale Gebäude stammt aus den 30er Jahren und wurde am Ufer des Arno erbaut, nur wenige Schritte vom Ponte Vecchio und den Uffizien entfernt. Ich gehe davon aus, hier die weniger mystische Seite von Antonella kennenzulernen, ihre Arbeit als Teilzeitangestellte. Es ist für sie normal, dass ihr Tag auch der Arbeit gewidmet ist; es genügt, sich an die benediktinische Regel des «ora et labora» zu erinnern. Die wahren Kontemplativen waren ja immer auch aktiv. Überdies: Wer mit der Stille vertraut ist, lebt sie in allem, was er oder sie gerade tut – nicht nur während der Meditationspraxis.

Als ich das Gebäude betrete, kommt es mir vor, als ob ich die Schwelle eines Tempels überschreiten würde: weite Räume, überhohe Decken.

Dann erscheint Antonella. Sie kommt eine breite Treppe herunter, begrüßt mich und lädt mich ein, ihr zu folgen. Wir gehen hoch in die erste Etage, durchqueren weite Korridore, bis wir in einem riesigen Zimmer ankommen, mit Fenstern, die sich über die ganze Wand hinziehen.

Seit über dreißig Jahren arbeitet Antonella in der Abteilung der frühen Drucke; seit kurzem ist sie hier die verantwortliche Leiterin. Das ist eine Aktivität, die sich sehr gut mit dem kontemplativen Leben vereinbaren lässt. Sie erlaubt es Antonella, auch während der Arbeit eine gewisse Stille zu bewahren – eine Arbeit, die ihr zudem den Lebensunterhalt sichert. Das ist eine optimale Lösung für eine Frau, die sich immer gewünscht hat, ihre Hingabe an die Stille in größtmöglicher Autonomie zu leben.

«Mein Weg verlangte Unabhängigkeit. Ich wollte und konnte nicht von einem Orden abhängig werden, von einer Kongregation oder irgendeinem religiösen Institut. Der Heilige Geist braucht freie Frauen und Männer, die bereit sind, seinem Ruf zu folgen und sich dem Hören zu widmen, ohne irgendwelche vermittelnden Instanzen.»

Auf den Tischen entdecke ich Bücher in unterschiedlichen Formaten; einige sehen sehr imposant aus. Die alten Ledereinbände beeindrucken mich, die gerippten Buchrücken, die Goldprägungen, das im Laufe der Zeit abgenutzte Pergament.

Es halten sich verschiedene Personen im Raum auf. Antonella stellt sie mir einzeln vor. Es herrscht eine entspannte Stimmung; alle sind höchst konzentriert; es ist eine Geduldsarbeit. Das Bild, das mir sofort in den Sinn kommt, ist das Bild eines mittelalterlichen Skriptoriums, wo Mönche mit Gänsefedern und Tinte die Werke der Meister kopierten. Ich erzähle das Antonella, worauf sie mich sofort korrigiert.

«Nein, hier handelt es sich nicht um Manuskripte, dafür gibt es eine eigene Abteilung. Bei uns geht es nur um Bücher, die im Handdruck entstanden sind, der auf Gutenberg zurückgeht, sowie um die Bibel mit den 42 Zeilen pro Seite aus dem Jahre 1455. Bücher also, die zwischen der zweiten Hälfte des 15. Jahrhunderts und der zweiten Hälfte des 19. Jahrhunderts gedruckt worden sind, und zwar mit beweglichen, in Blei gegossenen Lettern, mit den spezifischen Druckformen, Pressen und mit dem Papier, das man mittels aufgeweichten Fetzen aus Stoff herstellte; es wurde auf Metallsieben getrocknet, welche die Wasserzeichen mit den Insignien der Werkstätten hinterließen.»

Auf einer Truhe mit Blumenmustern und Dekorationen aus Messing liegen einige wertvolle Bände. Antonella zeigt mir die Bücher und öffnet sie höchst behutsam. Sie sagt, dass sie diese Werke extra für mich aus dem Archiv geholt habe. Unter die schweren Buchdeckel legt sie jeweils einen Keil aus Holz, um zu verhindern, dass die alten Einbände, die Nähte und die Buchrücken Schaden nehmen.

«Ich bitte dich, deine Notizen von der Truhe wegzutun. Falls die Spitze deines Kugelschreibers das Pergament versehentlich berühren würde, entstünde ein unermesslicher Schaden.»

Ich mache sofort einen Schritt zurück. Die Idee, dass ich eine ungeschickte Bewegung machen könnte, erschreckt mich. Am liebsten würde ich Antonella sagen, dass wir es doch besser bleiben lassen und die Bände an ihren Aufbewahrungsort zurückbringen sollten.

Mit größtem Feingefühl schlägt Antonella die Seiten auf und beginnt von unvorstellbaren Geschichten zu erzählen.

Hier ein Exemplar der ersten Bibel in italienischer Sprache, gedruckt 1471 in Venedig.

Dann ein etwas übel zugerichteter Band, der auf den ersten Blick nicht besonders speziell erscheint. «Das», sagt sie mir, «ist das berühmte Verbesserungsexemplar des Decamerone.»

«Was ist das?», frage ich.

«Dieses Exemplar hat zur Zeit der Gegenreformation als Arbeitsentwurf für einen der aufsehenerregendsten Eingriffe der Zensur gedient: Es ging darum, das Werk, das bereits auf den Index gekommen war, vor dem Scheiterhaufen zu retten. Der Großherzog Cosimo de' Medici hatte die Sache in die Hand genommen, um von Rom die Erlaubnis für eine Florentiner Spezialkommission zu erlangen, die dann für eine Umarbeitung dieses für die italienische Sprache so wichtigen Textes sorgen sollte.»

Durch diese Erklärung ist meine Neugier gewachsen, und ich schaue genauer hin. Es handelt sich um eine Ausgabe, die 1527 vom Florentiner Typographen Giunti gedruckt worden war; ihr fehlte jedoch die Titelseite. Sie ist dicht mit Anmerkungen versehen und zeigt gut sichtbare Linien in roter Farbe, die bestimmte Passagen markieren, die zu streichen waren. Der Text, der sie ersetzen sollte, wurde jeweils am Rande festgehalten. Es gelingt mir, einige Zeilen zu lesen. Gleich auf der ersten Seite steht etwa in zierlicher Handschrift geschrieben: «Auf keinen Fall solle man schlecht oder in Skandalen über die Priester sprechen, die Äbte, Äbtissinnen, Mönche, Schwestern, Pröpste, Bischöfe oder über andere heilige Dinge; stattdessen ändere man deren Namen oder tue das auf eine Weise, in der es am besten geht ...»

Antonella zeigt mir daraufhin einen wunderschönen Psalter in griechischer, aramäischer, hebräischer, lateinischer und arabischer Sprache, 1516 in Genua gedruckt. Das Risiko, das eine Werkstatt mit solch kostspieligen Büchern einging, war enorm. Fand ein solches Werk keinen Absatz, konnte es die Druckerei in Konkurs treiben – so, wie es eben bei einer polyglotten Ausgabe der ganzen Bibel geschah, die zwischen 1570 und 1572 in Antwerpen gedruckt worden war. Sie gilt als typographisches Meisterwerk des 16. Jahrhunderts.

Der vielleicht wertvollste Band ist die «Editio Princeps», die Erstausgabe der *Enneaden* von Plotin, mit der lateinischen Übersetzung und dem Kommentar von Marsilio Ficino; der griechische Text und der lateinische Text stehen einander gegenüber. Der Band wurde 1492 in Florenz dank der Finanzierung von Lorenzo de' Medici herausgebracht. Das Werk ist Giovanni de' Medici gewidmet, auf Pergament gedruckt und mit wunderschönen Miniaturen aus einer Florentiner Werkstatt verziert.

Ich begreife sofort, dass Plotin eine von Antonellas Leidenschaften ist. Während sie über ihn spricht, leuchten ihre Augen auf, als ginge es um eine geliebte Person.

«Er zählt zur Goldader der großen Mystik! Plotin ist wie ein Leuchtturm auf dem Weg nach Innen. Indem er seinen Meister Plato erklärt, dringt er tiefer in die Mysterien der Seele vor. Der Florentiner Humanismus verdankt sich der Wiederentdeckung Platos, was wiederum zu einem großen Teil auf den Einfluss der griechischen Kleriker zurückgeht, die für das berühmte Konzil von 1439 nach Florenz gekommen waren, das Konzil, das den Frieden zwischen den Kirchen des Ostens und des Westens wiederherstellte. Damals begann man nach den alten Schriften Griechenlands zu suchen. Ein Großteil der damals noch unbekannten Texte wurden in Florenz übersetzt; Marsilio Ficino gründete mit der Unterstützung Cosimo de' Medicis die Platonische Akademie. Eines dieser Werke ist das *Corpus Hermeticum*, in dem Traktate über die Astrologie und Magie versammelt sind. Die strenge aristotelische Systematik, weiterentwickelt in der Scholastik und im Thomismus – sie gehörten im Mittelalter zum theologischen Grundgerüst –, verbindet sich mit der Vision einer Harmonie, die sich in der Schönheit zeigt, dem in Raum und Zeit sichtbar gewordenen Zeichen der Ewigkeit. Man entdeckt Augustinus von Hippo neu, und rückt dadurch die Seele wieder ins Zentrum, ihren Durst nach Licht, ihre Sehnsucht nach Ewigkeit, und die Idee, dass Gott sich in interiore homine befindet – im Innern des Menschen. Augustinus entstammte tatsächlich jenem philosophischen Kontext. In seiner Ausbildung hatte er Plotin kennengelernt. Dessen Denken beeinflusste die christliche Theologie der Trinität. Das Eine, die Vernunft und die Seele der plotinischen Trias korrespondieren mit dem Vater, dem Sohn und dem Heiligen Geist. Plotin hatte eine eher hierarchische Vision und stellte das Eine ins Zentrum, in der christlichen Trinitätslehre dann stehen diese drei Entitäten auf der gleichen Stufe.»

Während Antonella über diese Welt jenseits der Zeiten spricht, geht mir auf, wie sehr ihre Arbeit im Einklang mit der Stille ist.

«Ja!», sagt sie, als ob sie meine Gedanken gelesen hätte. «Ich schätze diese Arbeit sehr. Aber glaube nicht, dass sie nur einfach ist. Auch hier gibt es Spannungen, Probleme. Die Informatik hat alles verändert; und vor allem das Interesse für die digitale Reproduktion. Seit einigen Jahren arbeiten wir für Google. Dieses Unternehmen hat in seinem Traum, eine digitale Universalbibliothek zu errichten, zunächst in den amerikanischen Bibliotheken gearbeitet und ist jetzt in Europa gelandet, und damit auch in Italien. Google übernimmt dabei die Digitalisierung, aber wir, hier in Florenz, sind verantwortlich für die Katalogisierung von Tausenden alten Büchern. Wir arbeiten mit externem Personal, es ist ein komplexes Projekt.»

Na also, das bestätigt mir: Die Kontemplativen sind zugleich auch aktiv, sie haben zutiefst mit der Welt zu tun! Ich spüre, dass es Zeit ist, zu gehen. Mir scheint, ich habe genug gesehen. Antonella bittet mich jedoch, ihr zu folgen. Wir durchqueren erneut die Korridore, bis wir uns im Innern eines von

Oberlichtern erhellten, kreisrunden Raumes befinden, der sich über mehrere Etagen erstreckt. Es ist der Bücherschacht. Wir steigen nach oben. Antonella öffnet die Türe eines Archivs, in dem alte Bücher gelagert werden; ein sehr langer Tunnel, dessen Ende man fast nicht erkennen kann. Verschlossen reihen sich die Kompaktregale aneinander. Sie öffnet eine weitere Türe und noch eine. Die Anzahl der Bände, alle perfekt aneinandergereiht, ist beeindruckend. «Neben der Bibliothek des Vatikans», sagt mir Antonella, «ist das die bedeutendste Sammlung alter Bücher in Italien.»

Ich bin ein wenig müde, doch Antonella hat mir noch etwas zu zeigen. Wir kommen zu den Lesesälen: Sie vom Eingang her aneinandergereiht zu sehen, diese vielen hohen Türen, wirkt wie eine Initiationsreise. Die Tische aus dunklem Holz sind mit Büchern voll belegt. Die Studierenden sind konzentriert, still. Wir bewegen uns in Richtung des Manuskriptsaals – «das Sancta Sanctorum», flüstert Antonella und lächelt; das Allerheiligste. Wir gehen hinein. Sie geht zur Verantwortlichen, sie tuscheln. Antonella fragt, ob sie mir ein wirklich kostbares Stück zeigen dürfe. Kurz darauf bringen sie es, eingewickelt in ein Tuch aus Samt. Es handelt sich um eine Abschrift der *Göttlichen Komödie* aus dem 14. Jahrhundert; heute von den Experten als die älteste aller Abschriften von Dantes Hauptwerk anerkannt. Sie enthält Randbemerkungen von Jacopo, Dantes Sohn. Das Pergament ist abgenutzt, die Lineatur klar gezogen, die Tinte hier und dort leicht ausgebleicht. Wunderschöne Vignetten schmücken die vielen Seiten. Die feuerroten Flügel der Engel machen mir Eindruck.

Ich fühle mich ganz benommen.

Wir gehen die Treppen wieder hinunter, verabschieden uns.

Ein wenig Luft tut mir gut. Ich denke über das nach, was ich gesehen, an die Gefühle, die ich dabei erlebt habe. Je mehr ich dem Faden von Antonellas Geschichte nachgehe, desto mehr erkenne ich in ihr das alte «Florentinertum», von dem ich soeben gekostet habe. Es ist, als ob es in ihren Zellen abgelagert wäre.

Mitten in der Stadt

In der Einsiedelei San Pietro alle Stinche erzählte jemand Antonella von Monsignore Gino Bonanni. Sie suchte ihn dann in der Badia Fiorentina auf, in der ehemaligen Benediktinerabtei an der Piazza della Signoria, wo Giorgio La Pira 1934 die Armenmesse eingeführt hatte. Noch heute versammeln sich in dieser Kirche jeden Sonntagmorgen während der Messe um 8.30 Uhr bedürftige Menschen. Gesegnete Brötchen werden verteilt, kleinere Summen an Geld und andere lebensnotwendige Dinge.

Bonanni war damals schon sehr alt und krank. Parkinson setzte jeder seiner Bewegungen enge Grenzen. Es war nicht notwendig, den Besuch telefonisch anzukündigen. Es genügte, an der Hausnummer 4 der Via della Condotta zu klingeln. Hielte sich bereits jemand bei ihm im Büro auf, wurde man von Ernestina, seiner auch schon 90-jährigen Hausangestellten, in das Wohnzimmer begleitet, wo man zu warten hatte.

Antonella war vom ersten Moment an von Bonanni tief beeindruckt. Er saß hinter seinem Schreibtisch, im Halbschatten eines fast leeren Zimmers, das Gesicht abgezehrt, aber strahlend. Bonanni hieß sie, sich zu setzen, und betrachtete sie mit einem Blick voller Zärtlichkeit. Er hörte mit höchster Zurückhaltung zu, ohne Fragen zu stellen. Hin und wieder nickte er, wobei er vielleicht ein halbes Wort hinzufügte. Zwischen ihnen beiden stellte sich sogleich eine gewisse Vertrautheit ein. Antonella nahm wahr, dass er sich wie ein aufmerksamer Vater verhielt, der fähig ist, sich Dinge zu Herzen zu nehmen und sich um jemanden zu kümmern. Sie begann ihn nun regelmäßig zu besuchen, fast täglich, umso mehr weil auch er Hilfe nötig hatte, wenn er sich bewegen wollte, etwa für den Weg vom Pfarrhaus hinunter in die Kirche. Er war bescheiden, sanft, aber lebendig, aufmerksam. In seinem klaren Blick leuchtete die Transparenz der Seele.

Bonanni hatte sehr gelitten; seine Geschichte war ziemlich paradox. Er war als Rektor des Florentiner Priesterseminars abgesetzt worden, weil er versucht hatte, «in erster Linie Menschen und erst dann Priester» heranzubilden. Er wollte «mit Liebe zur Liebe erziehen», wie er es öfters wiederholte; doch er wurde nicht verstanden – weder von den Vorgesetzten noch von den Seminaristen, die an Strenge gewöhnt waren. Anfangs der 60er Jahre traten viele aus dem Seminar aus. Bonanni musste gehen und wurde als Priester in die Badia versetzt, die Abteikirche im Zentrum von Florenz, die wegen der Abwanderung der Leute aus der Innenstadt in die Randbezirke nahezu verwaist war.

In jenen Jahren stand die Kirche von Florenz unter scharfer Beobachtung – in ihr gab es zu viele unbequeme Priester, angefangen mit Don Lorenzo Milani, Pater Ernesto Balducci, Pater Giovanni Vannucci, anzuführen ist auch Don Enzo Mazzi, der berühmte Arbeiterpriester aus dem Quartier

Isolotto. Wie sie wurde auch Bonanni zum Opfer von Verdächtigungen.

Er war kein großer Redner, aber er kannte die Stille, und er war fähig, zuzuhören. Von ihm gab es nie einen doktrinären Tadel zu hören oder eine ideologische Spitzfindigkeit, stattdessen liebenswerte, ermutigende Worte, in der Absicht, Hoffnung und Vertrauen zu wecken.

«Mein Bedürfnis», erzählt Antonella, «drehte sich stets um den drängenden Ruf zur Stille und Einsamkeit, was mich nun bereits seit Jahren beschäftigte und keine anderen Perspektiven zuließ. Bonanni war ein Mann, der warten konnte. Er hatte es nicht eilig, schnelle Lösungen vorzuschlagen. In ihm erkannte ich den Mann eines starken Glaubens. In ihm nahm ich die Autorität des Himmels wahr, und ohne sein Einverständnis hätte ich nichts unternommen.»

Kurz nachdem Antonella begonnen hatte, Bonanni zu besuchen, schenkte er ihr das Buch, das alles auf den Kopf stellen sollte: *Pustinia*.

Kaum hatte Antonella mit der Lektüre begonnen, begriff sie, dass diese ihr damals noch unbekannten Seiten und Worte eindrücklich dem entsprachen, was sie selber als ihren Weg bezeichnet hatte. Sie begann, ihre Wohnung als Einsiedelei zu betrachten, in der die Stille und die Einsamkeit im Dienste des Zuhörens stehen sollten.

«Bonanni erschien mir wie ein wahrer Pustinik. Ja, mitten im Herzen von Florenz gab es einen Pustiniken! Mit ihm lebte ich eine echte Erfahrung von Liebe, die auch in mir zusehends Wurzeln schlug.»

Antonella sehnte sich nach Stille und Einsamkeit, gleichzeitig aber war sie von Menschen umgeben, die litten und Hilfe brauchten.

«Wer dem eigenen Schmerz zuhört, wird empfänglich für den Schmerz der anderen, wo immer er sich zeigt. Oder wie es Bonanni ausdrückte: ‹Die Liebe ist wie ein Stab, wer ihn empfängt, kann ihn weiterreichen.› Wenn sich die Liebe im Herzen niederlässt, will sie sich auch ausdrücken und ausweiten. Sie hat ihre eigene Spontaneität. Wenn wir uns der Liebe anvertrauen und uns lieben lassen, dann lehrt uns die Liebe zu lieben. Wichtig ist, das Gleichgewicht zwischen Innen und Außen zu halten, zwischen Stille und Zuwendung. Das ist meine einzige Regel; doch es war nie leicht, sie einzuhalten. Dazu braucht es Wachsamkeit, Präsenz, Bescheidenheit und vor allem das Gebet. Man muss alles, was uns berührt und durchdringt, dieser Kraft opfern, die der Liebe innewohnt, dem Heiligen Geist. Der Schöpfer erhält seine Welten am Leben, indem er sie mit seinem Licht ernährt.»

Normalerweise ging sie zu den Leuten, aber manchmal war es auch umgekehrt.

«Von diesen verletzten Leben ging Schmerz aus, ohne dass Lösungen sichtbar waren. Der Schmerz der Welt, ein nackter, absoluter, unverhüllter Schmerz, entwich wie glühende Lava. Ähnlich dem Schmerz Jesu am Ölberg, der alles umfasst und bis zur tiefsten, verborgensten Schwelle reicht. Wer dort ankommt, kann auch durchdrehen. Unser italienisches Wort für ‹verrückt› kommt aus dem lateinischen Wort patior, erleiden. Das Leiden Jesu kennt den Schmerz der Welt

– den niederträchtigen, abwegigen, vereinsamenden Schmerz, den niemand will. Das Mitgefühl, das Mitleiden, bedeutet, das Leiden zu teilen. Viel mehr kann man nicht tun. Das schafft Verbundenheit.»

«Ist das Gebet eine Hilfe?», frage ich.

«Ja, es ist die einzige Stütze. Das Gebet ist die Hingabe an das Wirken des Heiligen Geistes. Es ist zugleich Vertrauen und Hingabe. Jedes Geschöpf ist auf intime Weise mit der schöpferischen Kraft verbunden. Beten heißt, sich dieser Verbundenheit bewusst zu sein und sie zu fördern. Beten heißt, all das, was in den Blick kommt und das Herz berührt, in die Gegenwart des göttlichen Lichtes zu bringen. Der Heilige Geist dringt ein und nimmt es in sich auf, wirkt geheimnisvoll; wie eine Flüssigkeit, die auf ein Stück Stoff gegossen wird, breitet er sich aus, bis er von jeder Fiber, von jedem Faden aufgesogen worden ist. Die ewige Schöpfung ist immer in Aktion. Auch wir gehören ihr an, sind von ihr durchdrungen. Und zugleich sind wir immer am Anfang, in dem Moment, in dem wir geschaffen werden.»

Heute suchen die Menschen Antonella nicht nur auf, um von ihr gehört zu werden, sondern auch, um mit ihr die Stille zu teilen, um den inneren Weg zu gehen.

«Auf der spirituellen Ebene sind derzeit große Energien in Bewegung. Viele Menschen nehmen das Bedürfnis wahr, etwas zu verändern, zum Wesentlichen zurückzukehren. Darin sehe ich ein Zeichen unserer Zeit.»

Die Gruppe

Schon seit einigen Jahren führt Antonella einmal pro Woche bei sich zu Hause eine Begegnung in der Stille durch. Daran nehmen Leute teil, die sie bei unterschiedlichen Gelegenheiten kennengelernt hat. Allen ist gemeinsam, dass sie nach einer Phase der Entfremdung wieder zum Christentum zurückgekehrt sind.

Eines Tages schließe auch ich mich der Gruppe an. Ich komme zum Mittagessen. Antonella hat eine einfache Mahlzeit zubereitet, mit Gemüse, das sie gleich vor dem Haus auf dem Bauernmarkt der Piazza Santo Spirito gekauft hatte: Zitronenreis, Chicoréblüten an einer Olivenölsauce, gekochte Rüben und Humus.

Um 14.45 Uhr erscheinen, schön hintereinander, die anderen: Simona, Annalisa, Michela, Matilde, Matteo und Franco. Sie setzen sich zu uns in die Küche. Antonella hat schon einen Kräutertee zubereitet, stellt die Tassen auf den Tisch und dann auch den ofenfrischen Kuchen aus Vollkornmehl, Maismehl, Reis, Äpfeln und kandierter Bergamotte.

«Es hat einen Geruch, den ich nicht entschlüsseln kann», sagt jemand von den Gästen.

Simona versucht es als Erste: «Koriander?»

«Nein.»

«Zimt? Fenchel?»

«Ganz bestimmt nicht!»

Am Ende findet es Franco heraus: «Anis!»

Es ist Zeit, die Küche zu verlassen. Wir begeben uns ins Wohnzimmer. Wie das Gebet in der Pustinia geht, ist mir klar. Wie es sich aber in einer Gruppe gestaltet, weiß ich nicht.

Rund um den Teppich stehen Stühle in einem Kreis. In der Mitte befinden sich eine brennende Kerze und die tibetische Klangschale. An der Wand hängt ein Bild der Auferstehung von Piero della Francesca. Jemand würde gerne den Kamin anzünden, das Holz liegt bereit – aber eigentlich ist es im Raum bereits warm genug.

Wir nehmen Platz. Ich wähle den Stuhl, der sich am nächsten zur Türe befindet.

«Sollte ich während des Gebets kurz rausgehen», sage ich in die Runde, «macht euch bitte keine Gedanken. Es kann sein, dass ich einfach eine Luftveränderung brauche.» Nicht zu wissen, was mich erwartet, macht mich ein wenig nervös. Und dann weiß ich auch nicht, ob es mir möglich sein wird, lange in der Stille zu bleiben. Wenn ich weiß, dass es einen Fluchtweg gibt, fühle ich mich etwas sicherer.

Die Teilnehmer hören allmählich mit dem Reden auf. Sie sammeln sich, machen es sich bequem. Es braucht ein paar Minuten, bis sich alle eingerichtet haben, dann beginnt Antonella, den Heiligen Geist anzurufen. Die anderen stimmen ein. Ruah Elohim, Ruah Elohim… mehrere Male, mit unterschiedlichen

Rhythmen, jeder und jede setzt ein und setzt aus im eigenen Rhythmus. Der gemeinsame Gesang lässt eine kraftvolle Schwingung entstehen. Eine mächtige Welle erfüllt den Raum. Sie erinnert an den Geist Gottes, wie er am Anfang der Schöpfung über den Wassern schwebte, wie es in der *Genesis* heißt.

Heimlich beobachte ich die Anwesenden. Alle sitzen mit geschlossenen Augen da. Einige haben die Hände gefaltet und lassen sie auf den Beinen ruhen. Es sieht aus, als ob sie auf etwas oder auf jemanden warten würden.

Der Gesang wird immer schwächer, die Klänge werden immer leiser, bis sie ganz verklingen.

Franco schöpft Atem. Er richtet sich auf dem Stuhl besser ein und versinkt in einer tiefen Stille.

«Bald beginnt die Karwoche», sagt Antonella. «Ich möchte einen Ausschnitt aus dem *Johannesevangelium* lesen, und zwar Kapitel 17, die Verse 20-23: ‹Aber ich bitte nicht nur für diese hier, sondern auch für alle, die durch ihr Wort an mich glauben. Alle sollen eins sein: Wie du, Vater, in mir bist und ich in dir bin, sollen auch sie in uns sein, damit die Welt glaubt, dass du mich gesandt hast. Und ich habe ihnen die Herrlichkeit gegeben, die du mir gegeben hast; denn sie sollen eins sein, wie wir eins sind, ich in ihnen und du in mir. So sollen sie vollendet sein in der Einheit, damit die Welt erkennt, dass du mich gesandt hast und die Meinen ebenso geliebt hast wie mich.›»

Alle halten die Augen geschlossen. Antonella lässt ihre ruhige Stimme fließen und beginnt zu sprechen.

«Das *Evangelium nach Johannes* kennt die Geschichte um das Abendmahl mit den Symbolen Brot und Wein nicht, es hat an Stelle dessen die dichten Kapitel, in denen Jesus seine Jünger an jener doppelten Bewegung teilnehmen lässt, die die Menschen und Gott, dessen Vermittler er ist, vereint. Jesus ist mit dem Vater eins. Diejenigen, die sich mit dem Sohn verbinden, nehmen an der Vereinigung mit dem Vater teil; sie werden in die Dynamik der Trinität eingeführt. Johannes erschließt uns den Geist einer gelebten Gemeinschaft mit Jesus; er vermittelt uns eine Kostprobe. In die Gemeinschaft mit Christus einzutreten, bedeutet, an seiner göttlichen Natur teilzunehmen. Jeder Mensch kann die Realität dieser Eins-Werdung erleben, indem er sich öffnet und in die Tiefe geht. Je mehr man in sich in die Tiefe dringt, desto mehr stirbt der egoistische Teil ab und entleert sich.

Beziehungen sind aggressiv, und sie werden immer schwieriger, wenn sie leer und ohne Liebe sind. Das Vermächtnis Jesu ist seine lebendige Liebe, seine Einheitserfahrung mit dem Vater. Daran selber teilzunehmen, macht uns zu Zeugen. Wenn wir sie selber erfahren und empfangen haben, können wir sie auch weitergeben. Die zwölf Apostel stehen für die gesamte Menschheit. Jeder von ihnen erhält das Geschenk der verkörperten Liebe. Die eucharistische Bedeutung der Symbole von Brot und Wein findet im *Johannesevangelium* noch einen tieferen Sinn. Christi Leib und Blut sind die Zeichen einer göttlichen Menschheit; durch das Feuer seiner Liebe hat sie Jesus in der menschlichen Natur für immer eingebrannt. Jetzt, da die Karwoche beginnt, lasst uns versuchen, sie im Lichte dieser sich verströmenden Liebe zu leben. Uns fließt sie zu. Es ist wichtig, uns davon berühren zu lassen und auf die Zeichen zu achten. Wir sind heute hier, um uns der göttlichen Berührung hinzugeben. Auch wenn die Sinne es vielleicht nicht wahrnehmen mögen, ein Teil der Seele sieht, hört und vertraut.»

Für einen Moment herrscht Stille. Dann macht Antonella nochmals mit ruhigen Worten deutlich: «Wir sind immer im Anfang. In jedem einzelnen Moment sind wir stets im unendlichen und ewigen Anfang.»

Antonella stimmt einen Gesang an, der uns eindringlich in Schwingung versetzt. Die Worte verstehe ich nicht, sie haben einen sehnsuchtsvollen Klang. Es sind die ersten Verse der *Genesis* in hebräischer Sprache. Der Gesang verschmilzt zu einem einheitlichen Klang. Er lässt eine vollkommene Stille entstehen. Diese Stille unterwandert den Lärm des Verstandes und verscheucht ihn, und sie unterwandert die Ängste der Seele und beruhigt sie.

«Bereshit bara Elohim et hashamayim ve'et ha'arez … Im Anfang schuf Gott Himmel und Erde; die Erde war wüst und wirr, Finsternis lag über der Urflut und Gottes Geist schwebte über dem Wasser. Gott sprach: Es werde Licht. Und es wurde Licht. Und Gott sah das Licht. Gott sah, dass das Licht gut war.»

Am Ende des Gesangs lässt Antonella die tibetische Schale erklingen. Drei Mal schlägt sie sie an, ganz sanft.

Verstohlen blicke ich mich um. Auch aus Neugier, ich gebe es zu, vor allem aber, weil mir dieses so totale Abtauchen in die Stille nach wie vor Angst macht. Ich zaudere, spiele auf Zeit. Alle anderen bleiben wie festgeschraubt auf ihren Stühlen sitzen, wirken abwesend, in sich hinein versunken. Simona behält eine aufrechte Position. Franco hat den Kopf auf die Brust gesenkt. Langsam, ganz langsam lasse auch ich mich gehen. Der Gesang hatte zwar Wolken und Nebel verscheucht, dem Wind gleich, doch etwas in mir widersetzt sich noch immer. Von einem bestimmten Punkt an muss jedoch auch ich nachgegeben haben: Ich erinnere mich an nichts mehr. Der Klang der Schale überrascht mich. Ein, zwei, drei Mal. Ich begreife, dass die Zeit der Stille vorbei ist. Ich schaue auf die Uhr. Es sind mindestens dreißig Minuten verstrichen!

Langsam öffnen alle die Augen, einige strecken die Beine, andere bewegen den Kopf. Nach einer Weile sagt Antonella mit sanfter Stimme: «Lasst uns drei Hütten bauen! Ja, genau so, wie es die Apostel auf dem Berg Tabor gesagt haben. Sie wären am liebsten für immer dortgeblieben, auf dem Berg der Verklärung. Mir geht es gleich; es tut mir jedes Mal leid, die Stille zu unterbrechen, indem ich die Schale erklingen lasse. Wir sollten uns länger treffen können; ganze Tage lang, die wir in Stille verbringen.»

«Ja, das ist wahr», sagt Matilde. «Es wäre schön, wenn wir länger bleiben könnten.»

Die anderen nicken zustimmend.

«Ich unterbreche die Stille, weil ich sehe, dass die Zeit abgelaufen ist», erklärt Antonella. «Doch es fällt mir jeweils nicht leicht. Ich spüre, dass die Stille immer intensiver wird und es gut wäre, wenn wir sie länger auskosten könnten. Es ist wirklich allzu schade, sich aus ihr zu lösen.»

Dann fragt sie in die Runde, ob jemand etwas mitteilen möchte. Alle bleiben in sich versunken, bis Simona das Wort ergreift.

«Während die Stille in großer Klarheit da war, tauchte in mir etwas auf, das ich mit euch teilen möchte. Jeden Tag kann ich wählen, ob ich zuhören will, was in mir geschieht, oder ob ich meinen vielleicht negativen Gefühlszustand anderen Menschen oder bestimmten Ereignissen zuschieben möchte. Wenn es mir gelingt, mir selber zuzuhören, und ich mich damit auseinandersetze, was äußere Situationen in mir auslösen, dann fühle ich mich in Frieden, im Kontakt mit meiner eigenen Wahrheit. Ich kann dann mit neuen Augen schauen und auf neue Art handeln. Ich verstehe jetzt, dass bestimmte Personen, auch wenn ich negativ auf sie reagiere, zu Objekten der Liebe werden können. Dann stellt sich Zärtlichkeit ein, selbst Menschen gegenüber, die mir vielleicht weh tun. Es wird mir klar, dass häufig alles von mir abhängt, nicht von den anderen.»

«Was im Äußeren geschieht», sagt Antonella, «ist immer eine Gelegenheit, um über uns selber nachzudenken, über unsere Reaktionen. Uns selber zu erkennen, bringt uns mit dem Licht der Wahrheit in Verbindung, und das durchdringt uns in jedem

Moment. Wenn wir das, was uns trifft, in jenes Licht bringen, beginnen unsere Augen zu glänzen.»

Simona fährt fort: «Anhalten, um nachzudenken, hilft mir zu verstehen, was genau jene Reaktion in mir ausgelöst hat. Indem ich darüber reflektiere, verflüchtigt sich oftmals die Reaktion. Ich verstehe den Ursprung der Verletzung.»

Matteo ist noch in sich gekehrt, schließlich öffnet er die Augen und beginnt zu sprechen.

«Ich möchte euch an etwas teilhaben lassen. Wie ihr wisst, arbeite ich in der Jugendstrafanstalt. Längere Zeit war ich dabei, einem Jungen, einem Italiener, zu helfen, wieder auf die Beine zu kommen. Als der Junge das Gefängnis verließ, kam er wieder ins Schleudern und begann, Drogen zu nehmen. Eines Tages ... kurz, eine Überdosis. Vielleicht war es Selbstmord, ich weiß es nicht. Die Sache hat mich tief bewegt. Noch heute frage ich mich, ob ich wirklich alles für den Jungen getan habe, was möglich war. Ich habe das Gefühl, dass es nicht genug war.»

«Es ist richtig, seine Unterlassungen zu hinterfragen», interveniert Antonella. «Manchmal übersteigen die Ereignisse aber unsere Kräfte. Sie sind größer als wir. Ich finde dann Hilfe in der Übergabe: Ich halte jeden Schmerz dem Lichte des Heiligen Geistes hin. Ich bin gewiss, dass es für sein Wirken keine Hindernisse gibt, dass seine unendliche Liebe zu gegebener Zeit wirken wird. Immerhin das kann ich tun. Wenn wir für jemanden beten, ist es, als ob es diese Person selber machen würde.»

«Es ist erschütternd», unterbricht Matteo sie.

«Da war jemand unter uns – und auf einen Schlag ist er verschwunden.»

«Verstehe!», sagt Antonella. «Die Beziehung mit ihm kann jedoch weitergehen, durch das Gebet.»

«Gewiss, doch noch heute denke ich, dass ich mehr hätte tun sollen.»

Franco ist in sich versunken, wie abwesend. Plötzlich öffnet er die Augen und erhebt die Stimme:

«Manchmal, glaube ich, bleibt uns nur die Kapitulation. Matteo, ich glaube ganz im Ernst, dass du einverstanden sein musst. Man kann nicht alles, es geht nicht alles, nicht immer verlaufen die Dinge so, wie wir wollen. Es gibt den Moment, an dem wir nur aufgeben können. Auch das muss Bestandteil unseres Lebens sein können.»

«Wir haben wirklich versagt», fährt Matteo fort. «Die Mutter des Jungen war außer sich, fassungslos.»

«Es gibt Knäuel, die wir nicht entwirren und dann aufwickeln können», sagt Antonella. «Man sollte sich in solchen Momenten daran erinnern, dass alles von der Liebe umarmt wird und dass sich auch die Gewirre in dieser Umarmung befinden. Euch war es nicht möglich, die Verwirrung zu lösen, aber der Heilige Geist ist Liebe, er kennt alles, nimmt alles in sich auf und erlöst es zu gegebener Zeit, hier oder im Jenseits.»

Matteo beruhigt sich. Er ergreift nochmals das Wort, als ob das Reden ihm helfen würde, sich vom lange unterdrückten Schmerz zu befreien.

«Es ist auch wichtig, zu wissen», sagt er, «dass wir

nur unnütze Diener sind. Man gibt sich redlich Mühe, doch dann geht es, wie es eben geht ... Ich möchte hier nochmals kurz an den Jungen erinnern. Mit seiner Maschine war er Motocross-Champion. Dann starb sein Vater. Er hielt das Leben in der Familie nicht mehr aus. Er raubte das Postbüro aus, in dem seine Mutter arbeitete ... eine absurde Tat ... Gemeinsam mit ihm lachten wir über seinen Raubüberfall. Er wurde an einem Sonntag aus der Haft entlassen, nach Hause geschickt, ohne jegliche Unterstützung und ohne Schutz. Er hatte Hilfe gesucht, den Notruf 118 gewählt, doch die kamen zu spät.»

«Wir dürfen nicht vergessen, dass alle diese Knäuel aufgelöst werden», insistiert Antonella. «Das ist das große Versprechen Jesu. Wir dürfen es nicht vergessen. Alles wird erlöst werden. Wie heißt der Junge?»

«Luca. Er war ein guter Junge, aufgeweckt, intelligent, ich würde sagen: voller Weisheit.»

«Nichts geht verloren. Lucas Weisheit bleibt bestehen. Die göttliche Barmherzigkeit umarmt alles, sie wirkt in Ewigkeit. Wenn alles eins ist, kann nichts von diesem Schoß der Barmherzigkeit ausgeschlossen sein. Nach und nach werden wir wiedergeboren sein, nehmen den Flug wieder auf. Auch unsere Fehler werden umgewandelt werden. Mögliche Fehler, Versäumnisse, Unterlassungen zu erkennen, das gehört bereits zum Neubeginn.»

«Wenn alles getan ist, kann man nur noch kapitulieren», meldet sich Franco zurück. «Ich glaube tatsächlich, dass auch das Unverständliche akzeptiert werden muss. Und das Böse ist eben ein Aspekt dieses Unverständlichen. Denn das Böse existiert, und es ist ein Geheimnis. Was ich damit sagen will, kann bedrohlich klingen: Ohne das Böse gibt es das Gute nicht. Das Licht braucht die Dunkelheit, damit es sich zeigen kann.»

«Ja», sagt Antonella, «aber es geht dabei um die Proportionen. Das Gute ist alles, und das Böse nur eine der Möglichkeiten, die Abwesenheit des Guten. Das Gute ist wie ein Ozean voller Licht. Das Böse ist nur ein dunkler Strudel innerhalb dieses unendlichen Lichts.»

Franco ist nicht überzeugt und versucht, sein Argument zu bekräftigen: «Ohne die Dunkelheit wäre dieses Licht nicht zu sehen. Ich weiß, es ist meine Idee, aber …»

Michela interveniert: «Gegen das Böse sollten wir nicht ankämpfen. Stattdessen sollten wir das Gute stärken und unsere Schwäche in Demut akzeptieren.»

Dann sind auch diese Worte versiegt. Wir lassen sie auf den Grund der Stille absinken. Was wir geäußert haben, tragen und hüten wir im Herzen, mit seinem Licht und seinem Schatten.

Antonella dankt allen und lädt ein, das Vaterunser zu beten.

Das innere Weinen

Von Anfang an hat Antonella sofort alles aufgezeichnet, sobald sie von ihren Reisen durch die Stille wieder aufgetaucht war. Ihre Eindrücke hielt sie jeweils in kleinen Heften fest, die sie sorgsam aufbewahrte. Einige davon hat sie abgeschrieben. Das ist eine Arbeit, die nur sie machen kann. Sie hat bereits einige Bücher herausgegeben, doch sehr viele ihrer Schriften liegen immer noch da, bereit, entdeckt zu werden.

«Ich hätte wohl Zuhörer gebraucht und etwas Ermutigung. Es war nicht einfach, vorwärtszugehen. Doch letztlich habe ich begriffen, dass ich mich selbst um den Inhalt dieser Texte kümmern muss, bevor sie an die Öffentlichkeit kommen.»

«Kann ich die Hefte sehen?»

«Natürlich, folge mir.»

Wir verlassen die Küche. Der Korridor ist mit Licht erfüllt. Wir machen es uns auf dem Sofa gemütlich, das sich dem Fenster gegenüber befindet. Gleich neben dem Sofa steht der weiß gestrichene Holzschrank, eineinhalb Meter hoch und weniger als einen Meter breit, von kleinen Türen verschlossen.

In ihm ruhen die Worte, die von ihr in mehr als dreißig Jahren Einsamkeit geerntet wurden. Ich nähere mich dem Schrank ganz behutsam. Antonella öffnet ihn. Etwa hundert Hefte sind zu sehen, dicht aneinandergedrängt. Einige haben harte, andere biegsame Einbände. Unterschiedlich sind auch die Formate und die Farben: rot, blau, grün, schwarz. Jedes dieser Hefte repräsentiert eine Etappe ihres Lebens.

Antonella nimmt sie ganz achtsam heraus. Sie weiß, welches Stück ihrer Vergangenheit sie von Mal zu Mal herausfischt. Die Hefte sind zu Bündeln gruppiert, die mit einer Schnur zusammengehalten werden.

Antonella greift nach einigen Heften: «Das sind die Texte, die während meiner Reisen durch die Wüste entstanden sind», sagt sie mit bestimmter Stimme. «Diese da hingegen entstammen einer neueren Zeit. Sie enthalten Meditationen, die ich nochmals durchgehen will. Und hier stehen die Worte drin, die ich von meiner Mutter vernommen habe, nachdem sie gestorben war …»

Ich blättere ein wenig durch die Seiten. Einige sind vergilbt. Die Tinte ist auf dem Papier mit Kraft verteilt worden. Gelegentlich wechselt die Farbe, aber die Schrift wechselt nicht. Sie ist immer die gleiche: dicht und entschlossen.

Diese Art Reise zurück auf den Spuren der Stille zeigt mir, dass ich in der Geschichte, die ich versuche, Stück für Stück zu einem Ganzen zu verweben, noch etwas tiefer gehen muss.

Antonella und ich sind uns nun schon viele Male begegnet. Ich habe viel von dem festgehalten, was sie mir in der Küche erzählt hat. Immer wieder haben wir auch die Pustinia aufgesucht, für intensive Momente der Stille. Ich selber habe meine Wüstenzeiten gelebt. Und jeder dieser Momente hat klare Eindrücke hinterlassen. Stets bin ich mit neuer Gelassenheit daraus hervorgegangen, oft auch mit der einen oder anderen Eingebung, mit einfachen Dinge, aber auch tiefschürfenden, nützlichen Dingen für mein Leben.

Es ist mir indes noch nicht gelungen, eine klare Idee dessen zu erlangen, was genau Antonella erfährt, wenn sie in die Stille eintaucht. Ich weiß: Über gewisse Erlebnisse lässt sich nicht sprechen. Und manchmal vermag ich Antonella in dem, was sie sagen will, auch nicht ganz zu folgen. Es ist anstrengend, das Register zu wechseln: Antonella verwendet einen sprachlichen Kodex, den ich nicht immer verstehe. Sie geht davon aus, dass ich weiß, was sie meint – und reagiert dann etwas verblüfft, wenn sie sieht, dass dem nicht so ist.

Als ich versuche, ihr meine Schwierigkeit verständlich zu machen, antwortet sie:

«Es ist ein bisschen, wie eine neue Sprache zu erlernen. Am Anfang klingt sie fremd. Mit der Zeit machen wir uns ihre Wörter zu eigen, ihre Syntax, wir werden mit dem Neuen immer vertrauter. Wichtig ist, darin einzutauchen, sich davon berühren zu lassen und sich nicht zu verschließen.»

Das Beispiel passt! Man sollte nachgeben, sich ergeben, doch oft ist es der Kopf, der sich als Hindernis dazwischen stellt. Ich bitte Antonella, mir mehr darüber zu erzählen:

«In diesen Heften sind die Erinnerungen aus deiner einsamen Reise verzeichnet. Kannst du kurz beschreiben, was du in der Stille genau erlebst? Kannst du erklären, welche Etappen du durchlaufen hast und welchen Hindernissen du dabei begegnet bist?»

«Meine Erfahrung beruht nicht auf einer bestimmten Technik. Als ich begann, wusste ich nichts über Meditation und solche Dinge. Ich habe bereits erzählt, wie ich die Stille entdeckt habe und mit welcher Gewalt sie in mein Leben eingedrungen ist; sie wurde die Mitte, um die herum sich alles drehte. Über diese Seinszustände, in die ich eintauchte, wusste ich jedoch nichts. Erst im Verlaufe der Zeit habe ich verstanden, dass es ein Gebet der Hingabe war, wenn ich mich von der Stille einhüllen ließ. Dort, wo ich mich tatsächlich befand, stand ich in Kontakt mit meiner tiefsten Wahrheit – die sich meinem eigenen Verständnis aber auch entzog. Ich war ‹da›, im Hier und Jetzt. Seither ist es immer so. Wenn ich mich hinsetze, mache ich nichts anderes als da zu sein. Der Ausgangspunkt, der Schlüssel zu allem, was danach folgt, ist, da zu sein. Das Einzige, was es braucht, ist die Entscheidung, da zu sein. Nicht durch einen Kraftakt oder Akt des Willens; es muss ein tiefes Bedürfnis sein. Da sein und akzeptieren, dem inneren Sehnen lauschen, dem wir sonst nie Gehör schenken. Der intimsten Sehnsucht der Seele folgen, die voller Leben ist, die in uns pulsiert, ruft, oder besser: laut schreit, weil sie nicht gehört wird.»

«Ich habe immer gedacht, für die Meditation sei eine gewisse Körperhaltung wichtig. Auf eine vorgegebene Weise still zu sitzen, hilft bei der Konzentration, oder nicht?»

«Das ist schon richtig. Aber für mich hat es weniger mit der korrekten Haltung zu tun als mit der Liebe, der man sich zur Verfügung stellt. Wenn jemand zu mir kommt, vernehme ich als Erstes meistens einen unterdrückten Schrei. Manchmal ist es auch ein Weinen, mit eingetrockneten Tränen, die dann aber sofort ins Fließen kommen. Es ist das Weinen eines Neugeborenen, nackt, wehrlos, rein, wahrhaftig. Nur was wahr ist, erstrahlt in klarster Schönheit. Wie die scheinbar abwesenden Augen eines Alten, die von einem unsichtbaren Licht erfüllt sind. Oder wie der unbewegte Blick eines Sterbenden, der bereits in der anderen Welt aufgeht. Dort erstrahlt die Schönheit in ihrem ganzen Lichte. Dort zeigt sich das tiefste Sein auf unerwartete Weise.»

Diese Worte treffen mich. Ich habe sie nicht erwartet. Ich bin berührt; ja, vielleicht spüre auch ich, auf einmal, dieses innere Weinen. Ich werfe Antonella einen flüchtigen Blick zu. Sie erwidert ihn, als hätte sie verstanden. Dann fährt sie fort.

«Da zu sein, ist der kategorische Imperativ all jener, die gelernt haben, dem Hilfeschrei Gehör zu schenken. Aber nicht als Willensakt, sondern als ein Nachgeben der göttlichen Liebe gegenüber, die genau dann im Menschen erwacht, wenn der Schrei zu hören ist. Er ist wie ein Pfeil, der sämtliche Schichten des Gerölls durchbohrt, das sich im Verlaufe der Zeit angesammelt hat. Der Pfeil öffnet einen feinen

Kanal, durch den die göttliche Ordnung eindringen kann und dadurch auch der höhere Willen, der diese Ordnung regiert, der sich nun Zugriff verschafft. Wie ein unauslöschlicher Stempel drückt er sich ein, wird aktiv in unserer eigenen Willenskraft – die sich jedoch all dem widersetzt und alle möglichen Ausreden sucht, um sich davonzuschleichen. Dieser Stempel enthält in sich die Vitalität der übernatürlichen Kraft, die in uns verharrt, mühelos, sanft, mit der ganzen Zärtlichkeit der bedingungslosen Liebe, die nichts verlangt.»

Das sind starke Worte. Sie kommen aus einem geheimnisvollen Urgrund, um sich zu offenbaren. Es gibt da allerdings einen Punkt, der mir nicht klar ist. Ich unterbreche Antonella. «Ich verstehe es nicht. Will mein Wille, oder will er nicht?»

«Das ‹da zu sein› bleibt aus seiner eigenen Kraft. Es ist wie eine Stütze oder ein Fundament, das unseren Willen trägt, der letzten Endes akzeptiert und sich beruhigt. Er gibt sich selber hin. ‹Da zu sein› macht es möglich, all das zu vernehmen, dem wir sonst kein Gehör schenken: das Leiden, die unbewussten Wünsche, die Schuldgefühle, die Ängste. Es erlaubt uns, alles zu erkennen, was vorbeizieht, direkt, ohne Verschleierung, auf höchst bewusste Weise. Es ist, als ob wir unserem eigenen Film zuschauen würden, dem echten jedoch, ohne Masken. Wir identifizieren uns jetzt nicht mehr mit all dem, das uns umgibt. Wir lassen uns nicht mehr von den tausend Dingen mitreißen, stattdessen sind wir wach, aufmerksam. Uns durchströmen Gedankenfluten, die sich im Verstand überschlagen. Auch die Emotionen fließen. Doch wir lassen sie ziehen. Sie tauchen aus der Tiefe auf, in der sie sich eingenistet haben. Wir begegnen ihnen mit Zärtlichkeit, ohne zu bewerten, und spüren ihre Berührung. Wir identifizieren uns nicht mehr mit ihnen, als ob wir von ihnen besessen wären. Wir distanzieren uns. Je mehr wir da sind, wachsam, desto mehr werden wir zu einem Auge, dem es möglich ist, von außen zu sehen, was geschieht. Wir erspüren es, erleiden es oder erfreuen uns daran, während es sich vollzieht. Wenn es doch in uns ist, so ist es nur gut, dass es zu Tage tritt. So können wir es sehen. Wir können nur verarbeiten, was uns bewusst ist, auch wenn es in längst vergangenen Zeiten geschehen ist. Ein zurückgewiesener Schmerz, der verschüttet bleibt, wird zu einem Gewicht, das all unsere inneren Lebenskräfte herunterzieht.»

Während Antonella spricht, überströmt die Sonne das Sofa, auf dem wir sitzen. Die Stunden verstreichen, der Tag erreicht seinen Höhepunkt. In meinem Kopf wirbeln viele Gedanken herum. Doch diesmal unterbreche ich Antonella nicht.

«Die Wurzel des göttlichen Lebens sitzt in der Tiefe. Es ist der Funken, den ein feiner Faden stets mit dem Ursprung verbindet. Wie in der physischen Realität die Nabelschnur durchtrennt werden muss, sobald wir geboren werden, nur so können wir mit einer anderen Beziehungsebene verwoben werden, die, obwohl verschieden, nicht weniger intensiv ist – genauso verhält es sich mit der spirituellen Realität. Was uns ‹ich› sagen lässt, trennt uns nicht vom tiefgründigen Ursprung, der Gott ist, dem göttlichen Leben in uns. Wir entstammen der göttlichen Substanz, aus ihr leben wir. Sich hier und jetzt zu sammeln, bedeutet, an der ewigen Gegenwart teilzuhaben, am göttlichen Leben, dem wir zugehören, sich ohne Verschleierung dem zuzuwenden, was ist. Wenn auch die letzte trennende Schicht aufgelöst ist, kommt es zu dieser Verschmelzung. Die Barriere verschwindet. Der Moment, der die Identifikation mit dem ‹Ich› auflöst, schließt aber nicht die Unterscheidung aus. Das Allgemeine schließt das Einzelne nicht aus. Alles hat am ausgewogenen Gleichgewicht teil, das sämtlichen Dingen ihr Maß verleiht und bewirkt, dass die Schönheit sichtbar wird. Und das ist die Liebe. Durch die Menschlichkeit Jesu wird der eine Gott dreifaltig. Das kleine ‹Ich› wird zum ‹Ich Bin›. Die Bewusstheit einer unendlichen Liebesbeziehung.»

Es kommt mir vor, als ob ich mich in einem Strudel befände. Die Worte reißen mich mit. Sobald sich mir eine Einsicht eröffnet, tut sich ein neuer Abgrund auf und zeigt mir, dass da noch etwas anderes ist, dem ich mich zuzuwenden, das ich zu verstehen habe. Ich kann mich nicht mehr zurückhalten und frage: «Können wir zum ‹da sein› zurückkehren? Was geschieht danach? Was ist der nächste Schritt?»

«Die Demaskierung. Sie fegt das jeweils nächste Hindernis weg, das den Kontakt zur nackten Wahrheit versperrt. Da zu sein, bereitet auf den Abstieg vor oder den Aufstieg, was dasselbe ist. Man beginnt, die Distanz zu ahnen. Da liegt noch ein Bereich, der uns vom innersten Ort trennt, der sich aber bereits zu erkennen gegeben hat. Wie die Nacht, die uns vom Tageslicht trennt. Je mehr man jedoch die Distanz wahrnimmt, desto stärker lebt die Sehnsucht nach dem Licht auf. Und diese verschafft sich den nötigen Platz im Herzen, damit jede andere Sehnsucht zurücktritt. Dies schenkt Standhaftigkeit. Dadurch wird es möglich, unbewegt da zu sein, ohne den eigenen Willen zu forcieren, der von einem höheren Willen ruhiggestellt wird und zahm wird wie ein Schoßhund. Da zu sein, hält das Licht fest in der Nacht der Seele und sichert das Leben im Herzen. Da zu sein, setzt eine unermessliche Arbeit in Gang und verlangt gleichzeitig absolute Passivität. Es geht nicht um eine Einsicht oder einen Willensakt, sondern um innere Hingabe. Je mehr sich dieser innerste Ort als klare, lebendige Substanz zeigt, desto mehr strömt die Substanz über, steigt empor, wie die Flut, die nach und nach alles übersteigt. Es ist der Heilige Geist, die schöpferische Substanz, aus dem die sichtbaren und unsichtbaren Welten entstehen und der jeden geschaffenen Körper durchströmt; er ist deren Lebenskraft, deren zündender Funke.»

Mir kommt sofort das Gleichnis vom Weinstock und den Reben in den Sinn. Die heraufbeschworenen Bilder nehmen Form an, sie haben den Geschmack einer gelebten Realität, die in mir Resonanz erzeugt, mich ins Innere der Erfahrung holt und mich daran teilhaben lässt. Antonella fährt fort:

«Ein Strömen setzt sich in Bewegung, das wahrgenommen werden kann. Das kleine Licht in der Tiefe strebt sehnsüchtig in die Höhe. Das große strahlende Licht sinkt hinunter, um das kleine zu erreichen. Die Distanz, die beide voneinander trennt, fühlt sich wie eine undefinierte, dunkle Masse an. Doch langsam nimmt sie Form an und zeigt, Stück um Stück, was sie verbirgt. Es tauchen Wunden auf, Erinnerungen, körperliche Schmerzen, Bedrücktheit. Das Licht umspült diese Gewichte wie Wasser, das auf Steine und Felsen trifft. Die Hindernisse können den Lauf des Wassers nur verlangsamen, aber nicht aufhalten. Da zu sein, bedeutet, im schöpferischen Wirken aufzugehen. Das Gewicht aber bleibt und bedrückt. Im Herzen und im Kopf wird dieser Felsblock spürbar. Wahrzunehmen, wie er bearbeitet wird, tut gut. Es macht verständlich, was ist. Während es vom Licht aufgelöst wird, können wir es nochmals erleben. Der Schritt in die Stille bringt uns dorthin, wo der Schuh drückt. Weil der Schmerz vom Licht getragen wird, wird er erträglich, als würde er dem Licht angehören, als bildeten beide einen einzigen Körper. Man muss sich ausgraben und befreien lassen. An einem bestimmten Punkt spürt man nichts mehr, jeder Gedanke fällt von einem ab, man verliert die Erinnerung. Jede Distanz verschwindet. Der Ort, nach dem man sich so gesehnt hat, wird ein aus Fülle bestehendes Nichts, das sich diese Fülle zu eigen macht und sich dann selbst auflöst.»

Während ich Antonella zuhöre, spüre ich, wie ich von einer gewissen Unruhe ergriffen werde. «Um dir die Wahrheit zu sagen», unterbreche ich sie, «was du sagst, macht mir Angst. Ich erlebe es als eine

Gefahr. Was ist, wenn dieses Auflösen in sich selbst nur Unordnung zurücklässt? Kann es sein, dass man dabei irreversible Grenzen überschreitet, die das psychophysische Gleichgewicht durcheinanderbringen?»

«Ich kann nur über meine Erfahrung sprechen», sagt Antonella. «In Wahrheit geschieht das Gegenteil. Das Wieder-Auftauchen offenbart unsagbar viel. Leichtigkeit, Frieden, Glücksgefühle machen verständlich, dass etwas Psychophysisches geschehen ist, dass es eine echte, konkrete Erfahrung war. Es gibt die Schwere nicht mehr, dafür eine unendliche Leichtigkeit. Selbst die Sehnsucht ist besänftigt und entschwunden. Es sind Augenblicke einer Neugeburt. Die Schönheit der Schöpfung zeigt sich so leuchtend und klar wie nie zuvor. Man nimmt eine neue Kraft im Körper wahr, eine stärkere Vitalität, die einen sofort dazu drängt, zu lieben – eine Liebe steigt empor, die sich schlicht nicht zurückhalten lässt. Sie trägt und leitet dich wie selbstverständlich. Bis sie sich dann erneut erschöpft und alles wieder anstrengend wird, schwerfällig, als ob die Kräfte schwinden würden. Dann gilt es, erneut da anzuknüpfen, in sich hineinzugehen, zurückzukehren zu sich selbst, wo man regeneriert und wiederaufgebaut wird. Ja, die Stille ist die Rückkehr nach Hause, an jenen Ort des Ursprungs, in dem alles ruht und wartet.»

Gottmutter

Nachdem ich die Hefte gesehen habe, kann ich mir vorstellen, wie Antonellas letztes Buch entstanden ist. *Dio è Madre. L'altra faccia dell'amore,* lautet der Titel – *Gott ist Mutter. Das andere Antlitz der Liebe.* Ich habe es vor kurzem zu Ende gelesen, und es hat in mir einige Fragen aufgeworfen. Man spürt, dass es von der Stille inspiriert ist. Von der Wahrnehmung Gottes als Mutter hat mir Antonella bereits mehrfach erzählt. Das Thema fesselt mich. Ich würde es gerne vertiefen und frage sie deshalb:

«Ich stelle mir vor, dass dieser Text aus der Überarbeitung deiner Hefte entstanden ist. Ich würde gerne mehr über die Entstehung erfahren.»

«Ja», antwortet Antonella. «Das Buch setzt sich aus Meditationen zusammen, die während zweier Pilgerreisen in mir entstanden, die eine Reise führte mich auf die Insel Patmos, die andere nach Medjugorje. Der Text will nicht so sehr verstanden werden, sondern sich in der Seele verströmen.»

Antonella hat inzwischen zwei dicke, schwarze Notizbücher aus dem Schrank hervorgeholt. Sie haben einen harten Einband in schwarzer Farbe, einen roten Rücken und sind mit einer Schnur zusammengebunden. Sie öffnet eines der beiden Bücher. Auf der ersten Seite steht das Datum: 9.

Juni 1988. Während ich darin blättere, versuche ich mich darauf zu konzentrieren, was ich sie fragen möchte.

«Ich begreife deine Aussage, dass es nicht wichtig sei, alles verstehen zu können. Dennoch würde ich gerne wissen, auf welche Weise sich bei dir die Wahrnehmung von Gott als Mutter entwickelt hat. Wie hat diese Einsicht in dir Boden gewonnen, bis zu dem Moment, als du schließlich davon überzeugt warst, diese Sicht in der Form eines Buches zu vermitteln?»

«Hätte ich zu viel darüber nachgedacht, dann wäre gar nichts geschehen», antwortet Antonella. «Ich habe die meisten meiner Meditationen während Jahrzehnten bei mir gehütet. Die Wahrnehmung von Gott als Mutter bildete sich im Laufe meines Lebens langsam heraus. Es waren konkrete, alles in allem unvorhergesehene Ereignisse, oft wurde ich von ihnen überwältigt. Es waren lauter Etappen einer Reise, die von einem unsichtbaren Faden gelenkt wurde. Ich folgte diesem Faden, ohne zu verstehen, wohin er mich führen wollte. Später wurde alles klar – wie wenn jedes Mosaiksteinchen seinen Platz bekommt und sich das Bild in seiner ganzen Herrlichkeit zeigt.»

«Kannst du versuchen, einzelne Passagen dieser Reise zu schildern?», frage ich.

«Die Stille führt zum Zuhören. Doch man weiß nicht, welche Horizonte das Wort, das im eigenen Inneren aufbricht, eröffnen kann. Ich beginne mit dem Anfang. Es war 1988. Ich befand mich in der Kirche von San Frediano in Cestello, wo ich mich in Stille gesammelt hatte. Da hörte ich auf einmal folgende Worte: ‹Ich bin der Heilige Geist, ich bin die Mutter, die in Gott ist.› Und weiter: ‹Ich bin die mütterliche Liebe, die in der Heiligen Dreifaltigkeit eingeschlossen ist. Der Vater zeugt, aber es ist die Unbefleckte Empfängnis, die den Sohn gebärt. Es ist die mütterliche Liebe, die das Werk ausführt. Ich bin der Heilige Geist, bin der Schoß der göttlichen Mütterlichkeit. Der Vater liebt, der Sohn ist der Geliebte, der Heilige Geist ist Liebe in Aktion, Liebe, die ausströmt, um zu lieben. Lass dich von der Liebe lieben!› Wie immer hatte ich ein Heft bei mir und schrieb sofort alles auf. Diese Worte ließen mich wie ausgehöhlt zurück. In meinem Geist ließen sie sich nicht unterbringen. Sie ließen mich verstört und ungläubig zurück.»

«Wir haben die Neigung», wende ich ein, «besonders schmerzhafte Erlebnisse zu verdrängen. Ähnlich verhält es sich wohl auch bei einer Erfahrung wie dieser. Man versucht sich zu überzeugen, dass eigentlich gar nichts geschehen sei.»

«So ist es. Das Leben ging genau gleich weiter. Doch in meinem Inneren fühlte ich mich zweigeteilt. Ein Teil blieb vom Erlebten durchdrungen. Der andere tat so, als ob nichts geschehen wäre, und versuchte, das Leben so weiterzuführen wie bisher. Tatsächlich aber hatten diese Worte in mir eine Furche aufgerissen, die nicht mehr zu schließen war. Damals war ich daran, die *Apokalypse* zu lesen, und begann in mir einen Druck zu spüren, der mich nicht in Ruhe ließ. Ich hatte nach Patmos zu gehen, auf die Insel, wo dieses Buch geschrieben worden war. Ich zeigte Widerstand, aber ich fand keinen Frieden, bevor ich mich nicht auf die Reise begab.»

Sie packte ihren Rucksack und fuhr nach Ancona, wo sie das Schiff bestieg, das sie nach Patras brachte.

In Athen angekommen, kaufte Antonella das Ticket nach Patmos. Die Fähre legte am Tag danach ab. Das Schiff war in einem schlechten Zustand, und das Meer sehr bewegt. Es war eine turbulente Überfahrt. Im Küstenort Skala angekommen, fand sie eine Unterkunft: ein helles Zimmer mit Blick auf Chora und auf den Berg der Insel, auf dessen Gipfel das Johanneskloster thront.

«Am nächsten Tag folgte ich in aller Frühe dem Saumpfad, der nach Chora führt, wo sich die Grotte befindet, in der Johannes seine Visionen hatte. Während ich unterwegs war, vernahm ich folgende Worte: ‹Höre gut zu: Eine neue Zeit hat begonnen, das Zeitalter der Mutter, die Ära des Heiligen Geistes, den der einzige Sohn Gottes auf die Erde gebracht hat, die Ära, in der Gott im Geiste und in der Wahrheit geliebt werden kann. Bereits sind viele Jesus gefolgt, und es gibt viele Söhne und Töchter Gottes, unter den Lebenden und bei den Heiligen im Himmelreich.› Auch diesmal war ich sehr betroffen. Ich verstand, dass diese Botschaft den Schlüssel für das Verständnis der *Apokalypse* darstellt.»

«In der Tat», werfe ich ein. «Dein Buch bietet eine höchst ungewöhnliche Interpretation der *Apokalypse*.»

«Ich bin in Chora länger als eine Woche geblieben, und zwar in einem Häuschen mit einem hübschen Garten, das ich mietete. Dort oben gab es keine Hotels. Morgens ging ich jeweils hinunter zur Kapelle, die auf einem Felsen gebaut worden war. Ich hielt mich für Stunden dort auf – so lange, wie ich fühlte, dass es nötig war. Es war eine starke Zeit, intensiv, fast wie ein Traum. Ich las im Buch und blieb da, in der Hingabe, wie abwesend. Ich schrieb alles, wozu mich die Stille inspirierte, ins Heft. Die *Apokalypse* entfaltet das Szenarium des Wirkens des Heiligen Geistes in der Menschheit und ihrer Geschichte. Johannes hatte gesehen, was das ‹Wort› von seiner Herrschaft aus sieht, und er hatte es in seinem Buch festgehalten, welches das *Alte und Neue Testament* abschließt. Er betont die Zeitenwende, die alles auf eine neue Ebene hebt. Die Zeit löst sich auf, sie erschöpft sich, je tiefer sie mit der Geschichte verbunden ist, läutert sich, geht in die Ewigkeit über und tritt in das Himmelreich ein. Der Widerstand ist groß, doch das Werk des Heiligen Geistes ist die heilende Liebe in Aktion – eine Sanftheit, die löst. Es ist das Werden der göttlichen Mütterlichkeit, die sich danach sehnt, auch die weit Entfernten zu sich zu holen, jene, die verschlossen sind und sich nicht hingeben können, die sich nicht von der Liebe lieben lassen – die Toten, die zum Licht geboren werden müssen. Die Zeit des Vaters ist durch den Verstand gekennzeichnet, die Zeit des Sohnes durch die Liebe, die Zeit der Mutter durch die universelle Expansion der Liebe, der Barmherzigkeit.»

«In deinem Buch hat mich das Bild der uneingeschränkten Liebe berührt», sage ich. «Eine Liebe, die verborgen und bescheiden ist. Eine Liebe, die nichts fordert. Je mehr sie zurückgewiesen wird, umso intensiver liebt sie. Diese Vision zeigt die Idee der mütterlichen Liebe Gottes. Diese Liebe wahrzunehmen und ihr verborgenes Antlitz sichtbar zu machen, könnte in unserer Zeit ein großer Dienst an der Menschheit sein – sehe ich das richtig?»

«Ja, absolut. Gott als Mutter zu sehen, hilft, die innersten Bewegungen der Liebe wahrzunehmen, die Art und Weise, wie sie agiert. Sie dringt in die Tiefe vor, aber sanft. Sie besitzt den richtigen Schlüssel, sodass wir sie empfangen können. Je mehr sie uns vertraut wird, desto mehr zieht sie uns zu sich und lehrt uns zu lieben. Sie drängt nicht, sondern wartet, bis durch ihre Wärme die richtigen Voraussetzungen herangereift sind. Der Heilige Geist ist wie ein unendlich großer Schoß des Werdens. Alles geschieht innerhalb seines Lichtes. Spirituell gesehen, sind wir Kinder, die noch wachsen müssen. Fehler, Abstürze, das alles gehört zum Weg. Die Zeit, die Geschichte – sie sind notwendig, weil sie ermöglichen, dass sich gewisse Mechanismen wiederholen. Solange eine Prüfung nicht bestanden ist, muss sie wiederholt werden. Wichtig dabei ist, den Fehler zu erkennen und um Hilfe zu bitten. Wenn wir uns verurteilt fühlen, überwiegt die Angst, und es ist dann schwierig zu akzeptieren, die Wahrheit zu erkennen und anzunehmen. Der Mensch hat Angst vor sich selber, vor den eigenen falschen Taten, vor den eigenen

Fehlern. Zu wissen, dass es eine liebevolle Mutter gibt, die uns annimmt, das hilft uns weiterzukommen. Und um genau das geht es. Von Beginn weg nahm ich in der Stille die Umarmung einer inneren Präsenz wahr, doch ich dachte dabei nicht an den Heiligen Geist; das habe ich erst allmählich verstanden, dank dieser Botschaften. Diese Präsenz wollte nichts von mir, außer dass ich mich ihrer Sanftheit hingab, ihrer Fürsorge. Es gilt, ihrem Ruf zu folgen und in die Tiefe abzutauchen, wo sie stets lebendig ist. Wenn wir uns lieben lassen, erfahren wir ein wiederbelebendes Stillen, es führt uns in den ursprünglichen Schoß zurück, der uns erzeugt hat. Aus dieser Tiefe der reinen Liebe aufzusteigen, ist, wie zu einem neuen Leben geboren zu werden. Nur dies gibt die Kraft, neu zu starten und der Welt entgegenzutreten. Glückseligkeit besteht im Ausruhen in der Umarmung der schöpferischen Liebe, im Schoß der göttlichen Mütterlichkeit. Erinnerst du dich an den Dialog zwischen Jesus und Nikodemus?»

«Ja gewiss: ‹Wenn jemand nicht von Neuem geboren wird, so kann er das Reich Gottes nicht sehen.› Darauf sagte Nikodemus: ‹Wie kann ein Mensch geboren werden, wenn er alt ist? Kann er denn zum zweiten Mal in den Leib seiner Mutter hineingehen und geboren werden?› Jesus antwortete ihm: ‹Wahrlich, wahrlich, ich sage dir: Wenn jemand nicht aus Wasser und Geist geboren wird, so kann er nicht in das Reich Gottes hineingehen.› (*Johannesevangelium* 3,3–5) Das ist mir jetzt klarer. Der mütterliche Leib, in den wir hineingehen müssen, um neugeboren zu werden, ist der Heilige Geist. Diese Interpretation überzeugt mich. Sie könnte jedoch theologisch angezweifelt werden.»

«Es gibt eine Theologie des Vaters und des Sohnes», sagt Antonella. «Was jedoch fehlt, ist eine Theologie der Mutter. Die mütterlichen Aspekte Gottes ans Licht zu bringen, verlangt sicherlich eine theologische Ausweitung, eine umfassendere Sicht von Gott.»

«Das mütterliche und weibliche Prinzip Gottes ist also der Heilige Geist?», frage ich.

«Ruah ist im Hebräischen weiblich», sagt Antonella. «Seit den ersten Jahrhunderten wurde der Heilige Geist in der östlichen Tradition mit der Sophia, der Weisheit, assoziiert, auch sie ist weiblich. Während der langen Phase der theologischen Ausarbeitung der Heiligen Dreifaltigkeit ging diese Assoziation verloren.»

«Die göttliche Mütterlichkeit ist also das Wirken des Heiligen Geistes in der Menschheit, ein Wirken der Barmherzigkeit. Mir scheint diese Vorstellung in Einklang mit dem Jubeljahr zu stehen, das Papst Franziskus 2015 ausgerufen hat.»

«Ja, dieses Jubeljahr der Barmherzigkeit ist ein großes Zeichen, die Ankündigung eines Wandels. Ich habe meine Hefte über zwanzig Jahre lang verschlossen gehalten. Auf einer Pilgerfahrt nach Medjugorje im Jahre 2010 habe ich gespürt, dass die Zeit nun reif ist. Während ich den Podbrdo hochlief, den Hügel der Erscheinungen, hörte ich in meinem Herzen folgende Worte: ‹Das Böse ist zu Ende.› Ich dachte dabei sofort an das Böse, das die Geschichte betrifft und nicht die Ewigkeit. Das Ende des Bösen brachte mich darauf, an das Ende der Zeiten zu denken. Ich dachte über die Apokalypse nach, an die Zeiten, die darauf folgen sollten, an die Zeit der Mutter. Dieser Satz war die Bestätigung, dass sich ein großer spiritueller Prozess in Bewegung gesetzt hatte. Er erinnerte mich an die Ankündigung, die ich auf Patmos erhalten hatte.

«Ist es also das, was du am Ende deines Buches meinst», wende ich ein, «wenn du andeutest, dass nun ein neues Zeitalter begonnen hat?»

«Ja. Das Ende des Bösen kann nur auf eine Zeit der Expansion der Liebe anspielen; und genau dort, an jenem Ort, fühlte ich mich leicht, befreit von jeglicher Bürde. Ich nahm die Präsenz eines aus Licht bestehenden Wasserfalls wahr, eines offenen Kanals, der Erde und Himmel wieder zusammenfügt, als ob im Unsichtbaren die spirituellen Bedingungen für einen epochalen Wandel vorbereitet würden. Wie viele heilige Seelen mussten sich wohl im Aufstieg zum Licht des Himmelreiches befinden und Liebe auf unsere Welt aussenden? Ich war mir sicher, dass die Ära der Mutter begonnen hatte, die Zeit war reif dafür. Und damit schloss sich der Kreis eines langen Weges.»

Nach Medjugorje wieder zu Hause angekommen, nahm Antonella sofort die Hefte hervor, die sie auf Patmos geschrieben hatte. 22 Jahre waren seither vergangen. Sie begann den Notizen, die wie von allein zu fließen schienen, Gestalt zu geben. Den Text ihres Buches stellte sie in kurzer Zeit zusammen, es eilte. Antonella schrieb verschiedene Verlage an, aber ohne Erfolg. Doch dann ergab sich plötzlich eine Möglichkeit, worauf ihr Werk 2012 publiziert wurde.

«Es war wie eine Geburt. Als *Dio è Madre* das Licht der Welt erblickte, wurde ich von einem enormen Gewicht befreit. Wie jedes Kind begann es bald auf eigenen Füßen zu stehen. In Papst Franziskus habe ich das klare Zeichen einer Zeitenwende erkannt. Sein Pontifikat ist ein konstantes Zeugnis von Liebe, Sanftheit, Barmherzigkeit. Es übersteigt unser Urteilsvermögen.

Jungfräulichkeit des Herzens

Neben Gruppen empfängt Antonella auch einzelne Personen.

«In der Pustinia machen wir es uns bequem. Wir rufen den Heiligen Geist an und bleiben still. Wenn der Gast möchte, beginnt er zu sprechen. Ich höre aufmerksam zu, bin mir bewusst, dass wir nicht allein sind, sondern in der Gegenwart des Lichtes des Heiligen Geistes.»

Eines Tages kam Federico zu ihr, ein sehr sensibler Junge, intelligent, mit einer speziellen künstlerischen Gabe versehen. Er war sehr bedrückt und sagte: «Ich spüre ein enormes Gewicht in meinem Bauch, als ob ich etwas gebären müsste.» Er steckte in einer Krise, war verwirrt. Dann begann er davon zu erzählen, was ihn zerreißen wollte: emotionale Probleme, bedrückende Situationen in seinem künstlerischen Umfeld, Ängste vor der Zukunft. Der Kloß in ihm hatte jedoch mit etwas Größerem zu tun.

Antonella erzählt, wie es mit der Begegnung weiterging:

«Seit Tagen fühlte Federico, dass die Angst und der Schmerz in ihm zunahmen. Nach einer Zeit der Stille lud ich ihn ein, das Evangelium zu öffnen. Es zeigte sich die Seite mit der Hochzeit in Kana: ‹Als nun der Wein ausging, sagte die Mutter zu Jesus: Sie haben keinen Wein mehr.› Es war Maria, die feststellte, dass der Wein fehlte. Sie also war es, die Jesus anspornte, aktiv zu werden. Die Mutter weihte den Sohn in seinen eigenen Auftrag ein. Dieser Passus des *Johannesevangeliums* ließ in mir ein Licht aufgehen. Maria verfügt in ihm über eine große Autorität. Ihr Handeln wirft ein Licht auf die Bedeutung der spirituellen Mutterschaft: Sie lässt die Kinder Gottes wachsen, sie stutzt ihnen ihre Flügel nicht, sie hält sie nicht fest, sondern lädt sie ein, sich auf den eigenen Weg zu machen. Maria weiß, dass ihr Sohn bald der Eifersucht ausgesetzt sein wird, dem Hass, der Gewalt; und doch drängt sie eine höhere Liebe dazu, ihn an seine Aufgabe zu erinnern, für die er auf diese Welt gekommen ist.»

«Fühlte sich dieser Junge von der Mutter unterdrückt?», frage ich.

«Nicht unbedingt von der biologischen Mutter als vielmehr von einer verzerrten und zwanghaften Vorstellung des Mütterlichen. Der Mut reift unter einer kraftvollen Mütterlichkeit heran. Sie hilft, zu wachsen, sich ins Leben zu stürzen und etwas zu wagen.»

«Ist Federico weitere Male zu Ihnen gekommen?», frage ich.

«Wenn er das Bedürfnis hat, kommt er. Im Moment der größten Verzweiflung hatte er den Mut, die Arbeit liegen zu lassen und eine Pause zu machen. Er hörte auf, sich zu hinterfragen, sich zu peinigen, er durchlebte eine Zeit, in der er alles bleiben ließ und sich der Stille, dem Gebet und der inneren Hingabe widmete, ohne an die Zukunft zu denken. Er hatte sich zu sehr mit Erwartungen identifiziert, die er nun als zu hoch empfand. Sie bedrückten und zerdrückten ihn. Allmählich begann er, in seine Mitte zurückzufinden. Die Geburt, die er vor sich gesehen hatte, war die Geburt seines Selbst. Letztlich sagte er Ja zum kreativen Wirken. Das schöpferische Wirken des Geistes will nicht behindert werden. die Geburt zeigt sich, indem sie die verborgene Identität zu Tage fördert, jenen Namen, den jeder von uns im Innersten bewahrt. Die Anstrengung der Geburt setzt voraus, dass wir eine reine Mutter in uns besitzen, sie gibt uns den Mut, die falschen Sicherheiten zu verlassen, sie ermuntert uns, jene Widerstände anzugehen, die sich der kreativen Kraft entgegenstellen.»

«Bleibt also Maria das Vorbild, das wir im Auge behalten müssen? Mir scheint sie eher ein gegenläufiges Modell zu dem zu sein, wofür das Weibliche und Mütterliche in unserer heutigen Welt steht. Auch die Emanzipation sorgt für andere Bilder: erfolgreiche Frauen, die sich auf gleicher Höhe mit den Männern bewegen, die in gewisser Hinsicht mit ihnen im Wettbewerb stehen, manchmal gar auf aggressive Weise.»

«Es ist leider dieser Aspekt, der ins Auge sticht. Die Emanzipation der Frauen, wir dürfen das nicht vergessen, hat sich im christlichen Westen abgespielt. Das Christentum trägt einen großen Befreiungsdrang in sich, und zwar gegenüber jeder Form von Macht, Besitz und Missbrauch. Die Frauen mussten sich zuerst ihrer selbst bewusst werden, sich in anderen Frauen wiedererkennen, eine gemeinsame Sprache sprechen und die Heiligkeit des Körpers wiederentdecken, den sie durch das Besitzdenken verloren hatten. Daraus ist eine neue Subjektivität entstanden, mit der sich die Gesellschaft, die Kirche eingeschlossen, nun auseinanderzusetzen hat. Um sich von ihrer untergeordneten Rolle zu befreien, in die sie die jahrtausendealte patriarchalische Tradition gedrängt hatte, mussten sich die Frauen die männlichen Rollenmuster zu eigen machen. Das hat dann zu einer heftigen und aggressiven Reaktion der Männer geführt, die sich ihrer Rechte beraubt fühlten, welche sie für natürlich hielten. Zur gleichen Zeit haben gewisse Auswüchse bei den Frauen zu Leiden und Identitätskrisen geführt. Jetzt ist es notwendig, dass das Weibliche in all seinem Edelmut und schöpferischen Potenzial hervortritt, um das Missverhältnis des außer Kontrolle geratenen Männlichen wieder auszugleichen und den Männern zu helfen, dass auch sie einen Weg der Bewusstwerdung einschlagen können. Das Modell dafür kann nicht anders, denn aus der Tiefe kommen, wo es seit je eingeschrieben ist. Die authentischen, ich würde sagen, archetypischen ontologischen weiblichen Züge sind: Aufnahmefähigkeit, Empfangsbereitschaft, Sanftmut, Milde, Innerlichkeit, Bescheidenheit, ein offenes Ohr. Sie drücken die kontemplative Seite der Seele aus, der jegliche Form von Besitz, Macht, Gewalt oder Gier fremd ist. Diese Seite der Seele, die vordergründig als die schwächere Seite erscheint, ist in Wirklichkeit die stärkere. Sie ist der Sinn für Schönheit, Intuition und schöpferische Vitalität.»

«Gibt es einen Zusammenhang mit dem Auftauchen des weiblichen Antlitzes Gottes?», will ich von Antonella wissen.

«Selbstverständlich. Der Prozess der weiblichen Emanzipation ist das Zeichen einer aktiven Veränderung, die durch einen Perspektivenwechsel uralte Schattenbereiche zu Tage fördert. Je mehr sich die leeren Stellen im Mosaik füllen, desto stärker kann die göttliche Liebe sich in ihrem ganzen Licht zeigen. Die theologische Lücke wurde seit den Anfängen auf wundersame Weise von Maria gefüllt. Das Aufblühen der mütterlichen Aspekte Gottes, gerade in unserer technologischen, entwurzelten und entmenschlichten Zeit, stellt eine wichtige neue und notwendigerweise dynamische Kraft dar, damit sich die authentischen weiblichen Züge in der Menschheit verwirklichen können. Die göttliche Mütterlichkeit hat sich in Maria verkörpert, sie hat sich durch sie manifestiert, sie selber allerdings ist stets im Hintergrund geblieben. Voll und ganz zeigt sie sich gerade im Augenblick der Verkündigung. Der Heilige Geist steigt in all seiner Fülle in das jungfräuliche Mädchen aus Nazaret hinab, da er in ihm keine Hindernisse findet. Maria gebärt den göttlichen Sohn, da sie ohne Vorbehalt empfangen hat. Auf diese Weise geschieht die Unbefleckte Empfängnis. Das jungfräuliche Mädchen aus Nazaret verweist auf die jungfräuliche Tochter von Zion, die von den Propheten besungen worden ist. Sie spielt auf die Treue und den Bund an, auf jene Jungfräulichkeit des Herzens, in der jede götzenhafte Verführung abgestorben ist. Nur wo die göttliche Mütterlichkeit, das heißt der Heilige Geist, diese Bedingungen vorfindet, kann der göttliche Sohn in der menschlichen Natur empfangen werden.»

«Mir scheint es wichtig zu sein, die Jungfräulichkeit Marias als Jungfräulichkeit des Herzens zu betonen. Ist die körperliche Ebene nicht zweitrangig?»

«Die Jungfräulichkeit des Herzens impliziert eine Reinheit, die Körper, Geist und Seele betrifft. Auf der symbolischen Ebene ist sie eine zwingende Voraussetzung. Sie bereitet auf den Übergang von der Großen Mutter zur Jungfrau Mutter vor, also auf den Übergang von einer Mütterlichkeit, die von natürlichen und psychischen Kräften dominiert wird, auf eine spirituelle Mütterlichkeit. Nur wo der Heilige Geist regiert, beruhigen sich jene Kräfte und harmonisieren sich. Die Große Mutter ist an den Zyklus gebunden, der sich wiederholt; sie ist besitzergreifend und zwingend. Sie basiert auf der Versuchung, unterstellt die psychischen und physischen Kräfte ihrem eigenen Willen, bis zu dem Punkt, an dem sie ihre Kinder tötet. In ihr bleibt eine Macht, die über Leben und Tod entscheidet. Die Jungfrau Mutter hingegen hat sich ganz auf die Ebene einer bedingungslosen Liebe gestellt. Sie ist frei von jeglicher Form der Verführung und Anhaftung, die es dem Sohn verunmöglichen, jenes menschliche Wesen zu werden, das er potenziell ist. Maria verkörpert in ihrer Ganzheit die Jungfrau Mutter: bescheiden, still, verborgen, aber gegenwärtig. Strahlend im

Lobgesang des Magnificat, maßgebend in Kana, stark unter dem Kreuz. Die Zeit des Heiligen Geistes verlangt eine psychische Auseinandersetzung mit diesem Übergang. Nur eine befreite Mutter kann Söhne und Töchter Gottes heranwachsen lassen. Der Heilige Geist heiligt. Die Heiligung ist eine langwierige Schwangerschaft, welche die gesamte Schöpfung umfasst und sie auf eine neue Ebene hebt.»

Tempel für den Frieden

Antonella empfängt Menschen bei sich zu Hause. Seit einigen Jahren bietet sie zudem auch in einer Pfarrei Meditationen und Stille an. Ferner nimmt sie an verschiedenen spirituellen Anlässen teil. Von besonderer Bedeutung ist dabei *Un Tempio per la Pace,* Ein Tempel für den Frieden, eine Laienorganisation, die vor ungefähr zwanzig Jahren gegründet worden ist, und zwar von einem florentinischen Architekten, der damals an einem Gymnasium für Kunst unterrichtete. Angesichts der wiederholten terroristischen Anschläge drängte es ihn, sich für den Frieden einzusetzen. Als er aktiv wurde, bezog er seine Schüler mit ein. Am Anfang dachte er daran, ein Stück Land zu erwerben, auf dem er ein Zelt errichten wollte. Diese Idee wurde jedoch nicht umgesetzt. Dafür gab es immer mehr Aktionen, an denen man sich beteiligen konnte.

«Was tust du dort konkret?», frage ich Antonella.

«In den vergangenen Jahren gab es viele Initiativen, an denen sich sowohl Laien als auch Vertreter verschiedener Religionen beteiligten. Neben Versammlungen und Konferenzen mit außerordentlichen Gästen wie Thich Nhat Hanh oder dem Dalai Lama und neben dem jährlich vergebenen Literaturpreis ‹Florenz für eine Kultur des Friedens›, bleiben zentral die Begegnungen im Palazzo Vecchio, wo die Gemeindeverwaltung von Florenz ihren Sitz hat. Einmal pro Monat, immer um 21 Uhr, kommen wir dort in einem Raum zusammen, den uns die Stadt zur Verfügung stellt. Wir setzen uns im Kreis. Dann liest jeder von uns einen kurzen Text aus der spirituellen Tradition, der man nahesteht, und schließlich bleiben wir zwanzig Minuten in Stille. In all den Jahren, die vergangen sind, haben wir gelernt, uns einander anzunähern und uns zu respektieren. Wenn wir essenzielle Werte wie Frieden, Gerechtigkeit oder Respekt für den anderen ins Zentrum stellen, fällt Freundschaft nicht schwer. Die Stille bringt sämtliche Differenzen zum Verklingen. Sie schafft Einigkeit, indem sie in der Tiefe Frieden schenkt. Während dieser Begegnungen fühlte ich manchmal ganz klar, wie sich ein neues Bewusstsein Raum verschafft. Die jüngste Initiative, die auf gutem Weg zu sein scheint, ist der ‹Raum für Stille›, ein Ort, der den ganzen Tag allen offen steht – religiösen, atheistischen, gnostischen Menschen –, die das Bedürfnis spüren, sich in der Stille zu sammeln. Die Stadt hat ihre Unterstützung zugesagt, auch wenn sich bis dahin noch kein geeigneter Ort dafür hat finden lassen.»

Abgesehen von den Aktivitäten in Florenz, nimmt Antonella auch an spirituellen Treffen im ganzen Land teil, zu denen sie eingeladen wird. Rund um sie sind viele Kontakte und Beziehungen entstanden.

«Was sind das für Menschen, denen du begegnest?», frage ich.

«Wer eine Gruppierung aufsucht, sucht etwas Bestimmtes, sie oder er befindet sich in einer Krise, fühlt sich in ihrem oder seinem Leben nicht wohl. Mehrheitlich sind es Frauen, weil sie feinfühliger auf ihr Inneres reagieren. In Laiengruppierungen entsteht schnell auch eine Zugehörigkeit. Man nimmt wahr, wenn eine Antwort nicht stimmt. Viele Menschen praktizieren östliche Meditationen und haben Erfahrungen mit der Stille. Sie sind sehr interessiert und stellen Fragen. Dass meine Erfahrungen im Christentum beheimatet sind, ist für sie oft etwas Neues. Das Interesse richtet sich meistens auf die Suche nach den Unterschieden zwischen dem Christentum und den östlichen Traditionen.»

«Und wie steht es um Leute aus der katholischen Kirche? Nehmen sie auch teil?», frage ich.

«Ich spüre eine Öffnung, doch nach wie vor überwiegt der Widerstand. Wer an die traditionelle Form des Gebets gewöhnt ist, fühlt sich bei mir nicht nur unbehaglich, sondern reagiert oft auch misstrauisch. Vertraute Denkschemen zu verlassen, setzt eine innere Freiheit voraus. Der Heilige Geist sucht sich eben Ritzen, die offen sind. Er berührt die feinen Saiten in uns. Das Wiederholungsgebet hat seine eigene Kraft, aber es ist nicht für alle. Man sollte auch anderen Formen Raum geben.»

«Was du sagst, interessiert mich sehr. Jetzt ist mir auch klarer, warum ich mich gedrängt fühlte, eine Person zu suchen, die auf eigenen Beinen unterwegs ist. Ich verstehe dein Bedürfnis, am Rand zu bleiben.»

«Wie bereits erwähnt, schien es mir immer so, als ob ich mich auf einer Schwelle befände – um einen Ausdruck zu verwenden, den Simone Weil geprägt hat. Auf der Grenze zwischen der Welt da draußen und dem Raum der Kirche. Für mich ist das genau der richtige Ort. Die Freiheit des Geistes braucht eine innere Annäherung, ohne Vermittler. Viele Suchende sind durstig nach dem Inneren, doch weil sie innerhalb der Kirche nur wenig Anknüpfungspunkte finden, suchen sie anderswo. Die traditionellen Rituale befriedigen leider nicht das Bedürfnis nach einem unmittelbaren Kontakt mit dem Heiligen Geist. Und so entfernen sich die Menschen und suchen andere Wege.»

«Was müsste die Kirche denn tun?»

«Sie müsste sich in Frage stellen. Nun scheint sie auf Druck von Papst Franziskus damit begonnen zu haben. Generell sind Priester gegenüber Stille und Meditation jedoch misstrauisch; dabei wäre es dringlich, sich wieder mit dem immensen spirituellen Erbe zu befassen, das sich an der Wurzel befindet, sowohl des westlichen wie auch des östlichen Christentums. Im Laufe der Zeit hat sich eine bestimmte Art des Gebets durchgesetzt. Doch ein Zuviel an Organisation verhindert die erlösende Kraft des Christentums, die aus dem Inneren fließt und die Wunden in der Tiefe heilt, indem sie sie aufdeckt und reinigt.»

«Was ist das Thema, das du bei deinen Begegnungen am häufigsten ansprichst?», will ich wissen.

«Ein regelmäßoges Thema ist das neue Mönchtum. Unsere von den Medien geprägte Gesellschaft hat ein dringliches Bedürfnis nach Frauen und Männern, die sich der Stille verschreiben. Die traditionellen Wege scheinen jedoch nicht mehr auf der Höhe der Zeit zu sein. Die Klöster stecken in einer Krise, sie entleeren sich, abgesehen vielleicht von einer Handvoll alter Gemeinschaften und einigen Neugründungen der vergangenen Jahrzehnte.»

«Besteht da ein Zusammenhang zum Phänomen der neuen Eremiten, und damit auch zu jenen, die sich in der Stadt zurückgezogen haben?»

«Ja, das konnte ich bei den Zusammenkünften mit Eremitinnen überprüfen.»

«Zusammenkünfte mit Eremitinnen? Was passiert da?»

«Die Eremitinnen des Eremo del Cantico, der Einsiedelei des *Hohenliedes*, bei Camaldoli haben 2004 begonnen, Tagungen zum Eremitentum zu organisieren. Es nehmen jeweils Eremitinnen und andere Einzelgängerinnen aus unterschiedlichen Regionen Italiens teil. Wir tauschen uns miteinander aus und ergründen unsere spezielle Berufung. Inzwischen wird dieses Treffen auch andernorts durchgeführt. Das Einsiedlerleben stellt den Keim, den Ursprung, des Mönchtums dar. Seit seinen Anfängen, in Ägypten und Syrien, wurde es stets als Erfahrungsweg charakterisiert, in dessen Zentrum die Suche nach der Einsamkeit, nach der Wüste stand. Ausgehend vom Orient, breitete es sich schließlich auch im Westen aus, wo man es allerdings rechtlich zu fassen versuchte. Doch die Erfahrung des Geistes kann unter solchen Voraussetzungen nicht verweilen, sie wird vom Gewicht der Strukturen erstickt.»

«Auch wenn die Einsiedler das verborgene Herz der Kirche bilden», werfe ich ein, «wurden sie von einem Teil der Hierarchie stets als ungemütlich wahrgenommen oder sogar als gefährlich. Lange Zeit war das Eremitentum sogar verboten.»

«Die Suche nach Einsamkeit und Stille begleitet die ganze Geschichte der Kirche; besonders ausgeprägt zeigte sie sich gerade in Phasen der spirituellen Schwäche. Bei den Treffen versuche ich immer den Wert der Einsamkeit hervorzuheben. In ihr sehe ich ein Zeichen der Zeit, als ob sich der Heilige Geist gerade auf diese Weise zu erkennen geben möchte. Nicht nur, wer allein lebt, leidet unter Einsamkeit, auch in einer Partnerschaft, in der Familie, kommt das vor. Einsamkeit ist das sichtbare Zeichen einer inneren Notwendigkeit, die dazu aufruft, sich mit sich selber auseinanderzusetzen. Gefühle der Unruhe oder Beklemmung ergeben sich aus der Angst, die aus der inneren Leere entsteht. Die Einsamkeit kann zum geeigneten Impuls einer Veränderung werden. Denn in der Stille begegnen wir unserer Tiefe. Nun kann die Einsamkeit, die uns Angst bereitet und die wir als ein Versagen erleben, ihr Wesen verändern. Sie wird zu einer ‹bewohnten Einsamkeit›. Die Zeit, in der wir leben, verlangt nach Erfahrungen der Reinigung und der Askese, selbstverständlich in neuen Formen. Wie zur Zeit, als das Römische Reich in einer Krise steckte und sich die Christen in die Einsamkeit der

Wüste gerufen fühlten, so vernehmen heute viele den Ruf nach Stille, nach Spiritualität. Es blüht ein neues Mönchtum auf, in der Freiheit des Heiligen Geistes zu leben, und zwar in der Stadt, in der eigenen Wohnung, den Kontakt mit der Innenwelt zu suchen und zugleich auch die Präsenz in der Welt zu leben.»

«Planst du bestimmte Projekte?», will ich wissen.

«Länger schon denke ich an ein altes Pfarrhaus im Grünen, in dem ich Leute beherbergen kann, die einige Tage in Stille verbringen möchten, ohne dabei gestört zu werden: mit warmer Herzlichkeit willkommen heißen, zuhören, einfache Speisen zubereiten, Freundschaft und Gebet teilen. Keine strenge Gemeinschaft, in der die üblichen Dynamiken entstehen. Stattdessen etwas in Bewegung, sodass es möglich ist, in der Gemeinschaft des Geistes zu leben mit jenen, die kommen, und mit jenen, die gehen, in Erinnerung daran, dass wir auf dieser Erde vor allem Pilger sind. Das verlangt innere Arbeit, Einsamkeit, Bewusstsein. Nur wo die vertikale Ebene ins Zentrum gerückt wird, das heißt die Beziehung zu Gott, harmonisiert sich auch die horizontale Ebene, also unsere Beziehung zu den Brüdern und Schwestern, denen wir auf unserem Weg begegnen, in umfassender Freiheit, mit größtem Respekt.»

«Das wäre sehr schön! Eine Form, in der das christliche Leben authentisch umgesetzt würde. Das verweist auf die Pustinia.»

«Gewiss, aber während es im christlichen Osten eine große Tradition dieser Art gibt, fehlt sie im Westen. Diese neuen Formen der nicht-institutionalisierten Spiritualität hätten es verdient, anerkannt zu werden. Die Kirche müsste beginnen zu akzeptieren, dass Stille, Gebet und Einsamkeit in der Freiheit des Geistes gelebt werden können. Heute befinden wir uns erneut in der Krise eines Imperiums. Wir können nicht mehr seelenruhig im Zug der Zeit sitzen bleiben und dem Abgrund entgegenrollen. Nicht alle sind dafür ausreichend sensibilisiert, um sich dessen bewusst zu sein. Das Wesen des Mönchtums ist die Sehnsucht nach dem Absoluten. Es genügt nicht, sich aus der Welt mit ihren Gütern zurückzuziehen. Der Mönch ringt mit psychischen und spirituellen Mächten, die in ihm verwurzelt sind. Die alten Wüstenväter drückten dies in den sieben Todsünden aus: Hochmut, Neid, Wollust, Völlerei, Zorn, Geiz und Trägheit. Niemand spricht mehr diese Sprache, auch wenn sie auf einer tieferen Ebene sehr ausdrucksstark ist. Die Todsünden bezeichnen wir heute als Abhängigkeiten; und in der Tat sind sie Formen einer inneren Versklavung, die uns zu Gefangenen macht. Um sich von diesen Ketten zu befreien, reicht es nicht, sich einer Psychotherapie zu unterziehen. Die Seele muss sich dem Heiligen Geist öffnen, sich von all den falschen Identifikationen befreien, von den Anhaftungen, Abhängigkeiten und irreführenden Illusionen ablassen. Es ist wie bei einem Heißluftballon: Je mehr man an Ballast abwirft, desto höher kann man aufsteigen. Genauso verhält es sich mit der Seele. Je mehr man sich vom Licht des Heiligen Geistes anziehen lässt, desto mehr fallen die Masken weg. Der Eremit vertraut sich diesem reinigenden Akt an, und so legt er Lichtkanäle in die Dunkelheit dieser Welt. Doch das braucht eben seine Zeit, wie in jeder Liebesbeziehung. Und es braucht den Glauben in die aktiv tätige Kraft des Heiligen Geistes, welcher diese Liebe ist.»

«Was du hier ansprichst, erinnert mich an eine Aussage von Catherine Doherty in ihrem Buch über die Pustinia: ‹Die Einsamkeit des Pustinik hat rettende und kosmische Dimensionen. Und das ist sein Beitrag. [...] Wenn er am Kreuz der Einsamkeit hängt, geht von ihm Heilung aus, wie Strahlen, wie die Sonnenstrahlen die Erde durchdringen.›»

«Ein notwendiger Schritt, die eigentliche Verunsicherung, ist die Durchquerung der Leere. Am Anfang ist dieser Bereich höchst befremdlich. Je tiefer man gelangt, desto weniger Halt gibt es. Dann erreicht man den Grund. Dort angekommen, geht es nicht mehr weiter. Man hört auf zu suchen. Man fühlt, dass man tatsächlich angekommen ist, das eigene Ich hat sich verloren: Es ist wie Sterben. Der Kontakt mit dem Grund verbindet mit der inneren Mitte. Nur wenn man die Leerheit durchquert hat, kann man die wahre Fülle entdecken. Es gibt keine Distanz mehr zwischen unserem Wesen an der Oberfläche und jenem in der Tiefe. Fällt ein Wassertropfen ins Wasser, ist er frei – und gleichzeitig bleibt er an das Element gebunden, zu dem er gehört. Die Fülle bringt die Distanz zum Verschwinden und lässt uns erkennen, dass es das, was wir für die Leere hielten, so nicht gibt; dieses scheinbare Nichts ist vibrierendes Sein. Es pulsiert in Liebe. Es geht allein darum, sich diesem Sein gegenüber zu öffnen. Der Heilige Geist berührt stets auf geheimnisvolle, überraschende Weise. Man muss dazu bereit sein, von ihm überrascht zu werden. Das wahre Glücksgefühl fragt nichts, will nichts, sucht nichts: Es empfängt, weil es sich anzuvertrauen weiß. Man verweilt, lässt sich berühren, genießt diese innere Fülle; jede Frage, jede Suche, jede Unruhe, die durch die Idee des Mangels hervorgerufen worden sind, fallen weg. Was bleibt, ist ein Frieden voller Glückseligkeit. Das hebräische Wort Shalom bedeutet Fülle; es fehlt nichts mehr.»

«Die Leere macht unruhig. Sie ist das Schreckgespenst, das für alle Ängste verantwortlich ist. Wieso ist sie für die Befreiung so wichtig?»

«Dass uns die Leere Angst macht, bedeutet, dass wir weiterhin an irgendetwas haften bleiben. Wir können nicht abheben. Die Durchquerung der Leere führt zu einem Gefühl der Schwerelosigkeit; wir sind befreit von der Schwerkraft, die uns hinunterzieht. Der Zustand der Gnade bringt ein Gefühl von Gehobenheit mit sich. Wo alles miteinander verbunden ist, kann nichts mehr verloren gehen. Im Zustand der Gnade kann man nicht mehr abstürzen. Die Ader, durch die jede Nahrung fließt, bleibt offen für immer. Jedes Lebewesen kann dort anzapfen. Indem es vertraut, wird ihm das Notwendige zugewiesen. Wenn man vom Grund wieder aufsteigt, verändert sich die Beziehung zur Welt. Wir haben dann nicht mehr das Bedürfnis nach Vergnügen, wir betteln nicht mehr um Zustimmung oder wollen uns mit Dingen belohnen. Die innere Fülle macht, dass man jeden Augenblick genießt. Sie erlöst uns von Machtspielen. Die Einsamkeit wird zum Zentrum einer Präsenz, die alles umfasst.»

Geist der Wahrheit

Heute ist ein richtig schöner Frühlingstag. Das Licht in Florenz ist einfach bezaubernd. Kaum in der Wohnung angekommen, sagt Antonella zu mir: «Komm, Paolo, schau dir dieses Spektakel an!»

Sie führt mich zu den Fenstern auf der Rückseite der Wohnung. Die Glyzinie scheint zu explodieren. Die Kletterpflanze hat sich an einer hohen Zypresse hochgerankt, welche die Häuser überragt. Sie formt einen kompakten Körper aus Farbe. Im unteren Bereich hat sie sich in sämtliche Richtungen verzweigt und sich auf Lauben, auf kleineren Bäumen und Sträuchern eingenistet. Ihr Duft strömt uns entgegen.

Angesichts des schönen Tages schlägt mir Antonella vor, einen Spaziergang durch den nahen Boboli-Garten zu machen: «Wenn ich das Bedürfnis nach Natur habe, aber nicht wegfahren will, dann gehe ich dorthin. Jetzt ist ein guter Augenblick dafür.»

Ich willige nur zu gerne ein. Ich war noch nie dort. Wir steigen die Treppen nach unten. In wenigen Minuten erreichen wir das Eingangstor an der Via Romana. Der Haupteingang befindet sich an der Piazza Pitti, wo es immer eine lange Schlange wartender Touristen gibt.

Boboli ist ein typischer italienischer Garten mit

einer ganz bezaubernden Anordnung. Er bildet die Parkanlage des Palazzo Pitti, des monumentalen Palastes des Großherzogs. Katharina de' Medici, die Königin Frankreichs, ließ sich von Boboli für die Gärten von Versailles inspirieren. Wir gehen die breiten Wege entlang mit ihren Wänden aus Lorbeer, über schattige Pfade, die durch Zypressen- und Eichenwäldchen führen. Aus dem Halbschatten blicken Statuen hervor.

Wir sprechen über dies und das, doch gibt es da einen Gedanken, der in mir hämmert: Ich frage mich fortwährend, worin diese Berührung mit dem Licht besteht, über die Antonella so häufig spricht. Ich verstehe, dass diese Berührung in Bezug zur Wahrheit steht, nicht nur zur letzten Wahrheit, sondern zu jener in uns selber, die wir zu verstecken versuchen. Mir kommt der Prolog des *Johannesevangeliums* in den Sinn: «Das Licht leuchtete in der Finsternis, doch die Finsternis hat es nicht empfangen.» Während wir spazieren, versuche ich, ihr einige Fragen zu stellen.

«Kannst du mir über deine Beziehung zum Licht erzählen. Kannst du mir erklären, was du damit meinst, und was Licht für dich konkret bedeutet?»

Sie hält für einen Moment inne. Wir sind daran, einen Rosenhain zu durchqueren. Dann entdecken wir Steinbänke und setzen uns.

«Ich antworte mit einem Bibelzitat, einem Passus aus der *Genesis*: ‹Ich habe im Garten deine Schritte gehört; da geriet ich in Furcht, weil ich nackt bin, und versteckte mich.› Diese Verse drücken gut das menschliche Dilemma aus. Die Nacktheit spielt auf das an, was sich im Innersten, im Herzen befindet. Der Mensch muss sich verstecken, weil er zu sich selber keine gute Beziehung hat. Er weiß, dass er dunkle Anteile in sich trägt, und so erschafft er sich kontinuierlich die Illusion, etwas zu sein, das er nicht ist. Er hat Angst vor den eigenen Taten, er akzeptiert sich nicht. Die Finsternis empfängt das Licht nicht, wie Johannes im Prolog bekräftigt, weil es die Dunkelheit braucht, um das Versteck aufrechtzuerhalten. Still zu sein, bedeutet vor allem, sich demaskieren zu lassen. Zu akzeptieren, dass wir sehen, wer wir sind, dass wir uns von der Liebe lieben lassen, wir uns durch sie wiederherstellen lassen. Der Geist der Wahrheit, wie es der Evangelist Johannes nennt, befreit vom Bösen, das Täuschung ist, Falschheit, Dunkelheit.

Ich schaue in die Richtung der Statuen, die hinter dem Laub versteckt sind. Sie sind fast nicht zu erkennen. Sind sie im Schatten, verschwinden sie fast ganz. Fällt die Sonne auf sie, werden sie gut sichtbar. Nichts entgeht dem Blick des Lichtes.

Antonella fährt fort: «Wenn ich aufhöre, mich zu verstecken, habe ich keine Angst mehr vor dem Licht, ich lasse mich in seine Umarmung fallen, die mich umfängt wie ein Mantel. Das Licht ist wie Wasser, das jedoch nicht am Körper abperlt, sondern ihn durchdringt. Es ist wie Feuer, das jedoch nicht brennt, sondern uns in eine Wärme einhüllt, die uns erstarken lässt. Durchdringend, regenerierend spürt es die dunklen Seiten auf, und diese reagieren, sowie sie vom Licht berührt werden, denn sie wollen nicht entdeckt werden. Diese innere Bewegung ist zwar in gewissen Momenten schmerzhaft, sie bleibt aber immer auch süß und lieblich. Das ist möglich, weil das Licht liebevollen Trost schenkt, während es uns einhüllt und aushöhlt – wie das eine Mutter tut, wenn sie das Kind an ihre Brust drückt und es beruhigt. In der Umarmung der Mutter gibt sich das Kind hin und bleibt ruhig, ganz erfüllt, geschehe, was wolle.»

Ich denke an den Psalm 131: «Ich bin ruhig und sanftmütig wie ein gestilltes Kind in den Armen seiner Mutter, wie ein gestilltes Kind, so ist meine Seele in mir.»

Wir stehen auf und fahren in unserem Gespräch fort, während wir langsam weitergehen. Wir gehen an der Rückseite der Flügel des Palazzo Pitti entlang, bis zu den kolossalen Mauern des Hauptgebäudes. Während Antonella spricht, bewegt sie sich leichtfüßig durch die Schönheit dieses ihr bestens vertrauten Ortes.

«Das Vertrauen besänftigt das Kind, bis zur tiefsten Angst. Die geheimnisvolle Wärme der mütterlichen Liebe hüllt es ein. So kommt auch die Seele in der tröstenden Umarmung des Heiligen Geistes zur Ruhe. Diese durchdringende Umarmung lässt die tiefen Abgrenzungen erkennen, die sich, wenn das Licht vordringt, nach und nach öffnen – als ob sie die Vorhänge einer Theaterbühne wären. Alle Grenzen des Unbewussten zeigen sich, Schicht um Schicht, bis zuunterst, wo ihre Wurzeln mit der reinen Substanz verwoben sind, die den Drang hat, aus dem Grund an die Oberfläche zu steigen. Es ist wie eine Strömung, die sich nicht bewegt, deren Geschwindigkeit aber absolut ist. Sie bleibt am Ort und dehnt sich aus. Sie ist die Quelle in der Tiefe, der Brunnen, die Vorratskammer, die sämtliche Schätze bewahrt. Sie bleibt in einem Punkt gesammelt und weitet sich gleichzeitig auf alles aus, das sie erschafft. Die Potenz, die zum Akt wird, unbewegt in Bewegung, zurückgezogen und offenkundig. Wenn einen das Licht in sich aufgenommen hat, herrscht absolute Ruhe. In diesem Augenblick wird alles rein. Es ist der Punkt, in dem sich alles sammelt und schweigt. Die ekstatische Stille kommt von dort, und dort bleibt sie für immer. Die Liebe kennt sich selber und schlägt Wurzeln, um sich weiterverschenken zu können. Das ist die Vision, die sich allen Seelen auftut, die sich dem Licht des Geistes öffnen und zu sehen beginnen, sei es im Jenseits, sei es bereits im Diesseits. Die Wahrheit ist von Tausenden von Schleiern verhüllt. Jeder verbirgt einen Zusammenhang. Das Licht deckt sie alle auf.»

Wir sind auf dem Hügel angekommen. Auf der Wiese steht eine mächtige Libanon-Zeder. Von hier aus genießen wir die Aussicht auf das erhabene Panorama. Ich unterbreche Antonella:

«Diese Sichtweise verwirrt mich ein wenig. Doch sie öffnet und stimuliert auch meine Wahrnehmung. Ich würde gerne besser verstehen, was du mit Schwellen, Abgrenzungen und Schleiern meinst.»

«Unser Innenleben kann mit einem Gebäude verglichen werden, das aus ganz vielen Zimmern besteht, wie es Teresa von Avila in ihrem Buch *Wohnungen der inneren Burg* tut. Jedes Zimmer stellt eine Schwelle, eine Abgrenzung dar. Geht ein Zimmer auf, erschließt sich eine neue Dimension, als ob ein Schleier wegfallen würde. Das heißt: Man ist zu einer anderen Wahrnehmungsebene erwacht, zu einem neuen Blickwinkel. Die Realität ist immer dieselbe, doch je mehr man seine Fähigkeiten der Wahrnehmung verfeinert, umso mehr zeigt sich diese Realität unseren Augen. Das ist ein Prozess ohne Ende. Es gibt keine Grenzen in der Tiefe, Höhe, Länge. Das Maß tendiert zur Unendlichkeit. Was sich jedoch nicht ändert, ist die Verbindung zwischen den Beziehungen. Die Harmonie, die aus der Liebe entsteht, ist sowohl dem Sichtbaren als auch dem Unsichtbaren eigen. Jedes Fragment hat dieselbe Struktur. Unsere Sinne nehmen generell nur niedere Frequenzen wahr, Wellenlängen, die sich auf gewisse Parameter beschränken. Alles, was sich jenseits dieses Bereichs der Sinneswahrnehmung befindet, scheint im Dunkeln zu liegen, als ob die Augen geschlossen wären und es ihnen unmöglich wäre zu schauen. In dieses Dunkel der Sinne einzudringen, ist, wie wenn man vor geschlossene Türen gelangt – in Wahrheit stehen sie offen.»

«Je mehr sich also die Sinne erweitern, desto mehr entwickelt sich die Wahrnehmung? Die Verschlossenheit und unser Egoismus stellen eine Barriere dar, die uns daran hindert, zu spüren, dass alles eins ist und zueinander in Beziehung?»

«Vom göttlichen, schöpferischen Licht bis hin

zum geschaffenen Licht gibt es unendlich viele Abstufungen. Die Schöpfung entfaltet sich Stufe um Stufe. Mir kommt die Jakobsleiter in den Sinn, auf der die Engel auf- und niedersteigen. Jede Schwelle, jede Stufe ist eine Welt, ein Zustand. Von einer Schwelle zur anderen gibt es einen Qualitätssprung, der eine neue Wellenlänge voraussetzt. Wie das Wasser, das zuerst Eis ist, dann flüssig, bis es zu Dampf wird. Die Substanz hat Kontinuität, während der Zustand sich ändert. Das, was man nicht sieht und kein Instrument dieser Welt wahrnehmen kann, existiert dennoch. Das Sonnensystem etwa besteht nicht nur aus Sternen, Planeten, Satelliten, sondern auch aus einem unendlichen Fließen von pulsierenden Wellen, die als solche nicht wahrnehmbar sind und deshalb die Illusion eines leeren Raums erzeugen. Die Leere ist eigentlich Fülle; es gibt keinen Raum dazwischen. Alles ist eingewirkt in ein kontinuierliches Fließen von Licht, das wie der Ozean in sich geschlossen, kompakt erscheint. Übrigens auch die Luft scheint leer zu sein, doch wir wissen bestens, dass dem nicht so ist.»

Wir gehen weiter. Als ob wir es geplant hätten, gelangen wir an eine Treppe. Wir steigen hinunter bis zum Becken, in dessen Mitte sich der Neptunbrunnen befindet. Antonella sagt mir: «Das Sonnensystem ist wie ein Lichtmeer, das nur teilweise sichtbar ist – beziehungsweise dank ausgeklügelten Instrumenten wahrgenommen werden kann; zum größeren Teil aber ist es undurchdringbar und unzugänglich. In der Physik spricht man von dunkler

Energie. Die lichtvolle Strahlung, die von der Sonne ausgeht, hält alles in seinen majestätischen Abläufen zusammen, die das ganze Sonnensystem bilden. Und wie es Schwellen in den sichtbaren Welten gibt, so gibt es sie auch in der spirituellen Welt. Auch materielle Bestandteile des Universums sind auf diese Weise strukturiert: Die Energie wird immer dichter, gewichtiger. Es erinnert an mittelalterliche Modelle: Die Kreise aus Dantes Vorstellungswelt zeigen diese Zustände und Ebenen gut auf; sie sind nicht voneinander getrennt, sie gehen ineinander über. Jeder Zustand ist Ausdruck einer Umlaufbahn mit eigenem Zentrum. Was sich im Innern dieser Umlaufbahn befindet, hat keine andere Substanz als die Dinge außerhalb dieser Umlaufbahn. Nur die Frequenz ist unterschiedlich. Es gibt ein Kontinuum.»

Ich höre fasziniert zu. Ich hätte nicht gedacht, mich jemals über solche Dinge zu unterhalten. Antonella fährt fort. Das Thema inspiriert sie:

«Materielle Welten, spirituelle Welten. Äußere Welten, innere Welten. Sichtbare Welten, unsichtbare Welten. Sie unterscheiden sich nicht ihrem Wesen nach oder in ihrer Substanz, der Unterschied liegt in der Fähigkeit unserer Sinne, sie wahrnehmen zu können. In der Schöpfung gibt es nur das eine Sein. Es tritt in Erscheinung, indem es sichtbar wird. Sich diese Sicht anzueignen, heißt, ein Licht anzuzünden, wo es vorher dunkel war. Bleibt etwas im Dunkeln, heißt das nicht, dass es dies nicht gibt. Es gibt es nur für das Auge nicht, das es nicht sieht. All die Moleküle, die Zellen – die hat es immer gegeben, auch damals, als es noch keine Mikroskope gab und man sie nicht sehen konnte.»

Auf einem breiten, abfallenden Weg, dem so genannten Viottolone, kommen wir zu einem anderen Teich – einem großen runden Becken, in dessen Mitte sich eine Insel mit einem Springbrunnen befindet; die Insel erreicht man über zwei mit Zitruspflanzen bewachsene Stege aus Stein. Wir umrunden das Becken. Goldfische schnellen durchs Wasser. Ein Graureiher steht auf einem Bein, bewegt sich nicht. Auch er ist tief versunken, als ob er daran interessiert wäre zu lauschen. Wir setzen uns erneut auf eine Bank, diesmal unter der prallen Sonne. Ich ergreife das Wort:

«Einverstanden, aber was möchtest du damit eigentlich vor Augen führen, was willst du damit sagen?»

«Wie es winzig kleine Welten gibt, welche die Quantenphysik erst heute zu verstehen lernt, so gibt es auch spirituelle Welten, obwohl sie niemand sieht. Jedes menschliche Wesen befindet sich auf der Ebene, zu der es innerlich gehört. Das ist die Wahrheit, von der man ausgehen muss, wenn man auf der Treppe hochkommen will. Wenn jemand glaubt, schon oben angekommen zu sein, sich aber tatsächlich viel weiter unten befindet, lebt er in einer Illusion, die früher oder später vom Licht der Wahrheit enthüllt werden wird. Der Wahrheit kann man nicht entfliehen, es sei denn, man möchte unbedingt in der Dunkelheit leben. Die Hölle, die Gehör- und Sprachlosigkeit, ist bereits hier, auf der Erde, in den Herzen all jener, die sich dem Licht verschließen wollen; sie identifizieren sich mit der trügerischen Idee, die sie sich von sich selber machen, und davon lassen sie sich nicht abbringen. Dadurch wird die Finsternis immer dichter, Lüge türmt sich auf Lüge, Schicht um Schicht, worauf das Licht verschwindet.»

«Jetzt verstehe ich. Die Bilder, die du verwendest, machen die Idee nachvollziehbar – auch wenn es nicht gerade tröstlich stimmt. Du wirkst so sicher bei dem, was du sagst. Diese Sicht scheint tatsächlich eine Reminiszenz an das Mittelalter zu sein. Die Gebildeten haben sich vom Obskurantismus inzwischen emanzipiert, und im katholischen Milieu glaubt die Mehrheit der Priester, Mönche und Prälaten nicht mehr an die Hölle. Wo endet die unendliche Barmherzigkeit Gottes, von der du öfters sprichst?»

«Ich habe mir gedacht, dass wir bei dieser Frage ankommen. Die göttliche Barmherzigkeit, die bedingungslose Liebe Gottes, gründet auf der Freiheit. Sie kann uns zu nichts zwingen. Gott kann niemanden dazu verpflichten, seine Liebe zu empfangen. Jesus liebt bis zur Ganzhingabe, doch der schmerzhafte Aspekt seiner Leidensgeschichte besteht in der Einsicht, dass diese Liebe nicht gewollt wird. Deshalb landet er am Kreuz, und dort befindet er sich weiterhin in all jenen, die von der Blindheit der Geschichte gekreuzigt werden. Die Liebe anzunehmen, bedeutet, zu akzeptieren, dass wir uns anschauen lassen in dem, was wir selber nicht anschauen wollen – was unsere Augen kategorisch anzuschauen verweigern. Denke an Petrus, der dem liebevollen Blick Jesu begegnet, und zwar im Moment, als er ihn verleugnet. Petrus lässt sich anschauen und beginnt zu weinen. Er erkennt die eigenen Grenzen, seine Ängste, all das in ihm, das ihn so sehr betrübt. Judas hingegen lässt sich nicht anschauen. Er flieht vor sich selber. Aber es ist eine unnütze Flucht, denn vor der Wahrheit bleibt nur die Finsternis als Ausweg. In Judas verkörpert sich Kain, die umherirrende Seele, die flüchtet und sich versteckt hält. Hier kann die göttliche Barmherzigkeit nichts mehr tun, relativ gesehen, nicht absolut. Es wird aber früher oder später ein Nachgeben stattfinden, ein Erwachen. Jede Hölle öffnet sich, früher oder später, weil Gott der Eine ist und diesem Einen alles angehört. Zugleich ist Gott auch der Dreifaltige, also die unendliche Bewegung der Liebe, die nie zu lieben aufhört.»

Wir bleiben für eine Weile in Stille. Dann gehen wir weiter. Hinter dem Wasserbecken erreichen wir eine Wiese in der Form zweier Halbkreise. In deren Zentren stehen hohe Säulen, welche die Äste der Platanen berühren. Wir kehren um, gehen am Gewächshaus für Zitronenbäumchen entlang und nähern uns dem Ausgang.

Die unzugängliche Realität

Etwas müde ins Haus zurückgekehrt, setzen wir uns an den Tisch, um etwas zu trinken. Mein Verstand ist immer noch aufgewühlt und fährt fort, Fragen zu stellen. Ich muss mehr darüber wissen, was Antonella erfahren hat; was dazu geführt hat, dass sie eine Ahnung hat von jenen Schwellen, wie sie sie nennt. Was braucht es grundsätzlich, damit der Sprung vollzogen werden kann? Was braucht es, um von der Dunkelheit in das Licht aufzusteigen?

«Was hat dich dazu gedrängt, vorwärtszuschreiten und diese Schwellen zu überschreiten?», frage ich.

«Die Rückkehr zu jenem Geschöpf, das immer in der Tiefe lebt und den Atem des göttlichen Geistes in sich trägt. Die geschöpfliche Realität bewahrt die Reinheit jenes Blickes, in den sich der Frieden einprägen kann. Das Bewusstsein braucht die Unschuld, damit es erleuchtet werden kann. Das Geschöpf ist das zitternde Neugeborene, das unmittelbar vom Ursprung her kommt und noch weiß. Sein reines Auge bringt den, der es betrachtet, in das unsichtbare Licht, von dem es selbst erfüllt ist und für das es zum Kanal wird. Es verzehrt, besänftigt und wirkt entblößend wie der Blick eines Sterbenden, der das Tageslicht fast nicht mehr aufzunehmen weiß, dafür umso sensibler ist gegenüber dem Lichte des Geistes, der ihn umfängt und den er zu fühlen beginnt, weil dieser seinen Durst nach einem anderen Himmel stillt. An den Rändern der Zeit und des Raumes kommt das Jenseits als etwas Bekanntes daher. Es wird erlebbar für die inneren Sinne, da sie jetzt bereit sind. Sie sind wach.»

Antonella steht vom Stuhl auf. Sie bringt einen Glaskrug an den Tisch, durch den das dichte Rot eines Getränks durchschimmert. Sie nimmt aus der Vitrine zwei weiße Porzellantassen, legt je ein Stück Zitronenschale in sie und gießt den kalten Tee ein. «Er ist sommerlich, löscht den Durst», sagt sie mir. «Ich habe den Tee heute Morgen zubereitet.»

Antonella öffnet den Kühlschrank, nimmt eine bis oben mit Walderdbeeren gefüllte Schale heraus und stellt sie auf den Tisch. Dann setzt sie sich wieder hin.

Ich nehme den Faden auf: «Was geschieht, wenn wir uns diesen Rändern, diesen Extremen nähern? Ist es möglich, dass dort die Zeit die Ewigkeit berührt?»

Antonella nippt bedächtig am Tee, der nach Waldfrüchten schmeckt, sie kostet eine Erdbeere und antwortet schließlich nach einigen stillen Momenten, als ob sie weit zurückliegende Erinnerungen, die sich tief eingeprägt haben, zurück ans Licht holen würde.

«Wenn wir im Leben ein Extrem berühren – zum Beispiel weil jemand, der uns nahesteht, geboren wird oder stirbt –, dann erwacht die Spur des Unberührbaren, und zwar einfach darum, weil sie im

Grunde immer in unserem Gedächtnis lebendig ist, auch wenn diese Spur vor sich hinschlummert oder tief schläft. Im Wachzustand, in dem sich unser atemloses Leben abspielt mit all seinen Befürchtungen, Unzufriedenheiten, Ängsten, Wünschen, sind unsere inneren Sinne wie anästhesiert. Sie haben sich in die Tiefe der Erinnerung zurückgezogen, so wie die Schildkröte sich in ihren Panzer verkriecht, wenn sie Lärm oder Gefahr wittert. Die inneren Sinne lassen uns ungestört den Weg weitergehen, Zeit und Ressourcen verschlingen, uns im Kreise drehen – wie auf einem Karussell, von dem wir glauben, es beherrschen zu können, auch wenn es sich ganz selbständig dreht. Wenn unsere Innenwelt schläft, übernehmen andere Kräfte die Führung. Der psychische Anteil der Seele, der stets auf das Äußere gerichtet ist, wird von unendlich vielen Verführungen angezogen. Er läuft allen Strömungen hinterher, springt auf den erstbesten Zug, der vorüberkommt. Je mehr Gier im Spiel ist, desto stärker lässt er sich hinreißen, lässt sich von hier nach dort tragen und bleibt doch stets leer und hungrig.»

«Ich frage mich jedoch, warum wir das nie hinterfragen. Warum fahren wir fort, uns im Kreis zu drehen, als ob der Wirbel, der uns mitreißt, eine unabwendbare Kraft wäre?»

«Der Geist der Welt, wie der Evangelist Johannes jene Kraft nennt, die der göttlichen Ordnung entgegenläuft, die sich Christus entgegenstellt, dieser Geist empfängt und regiert all diese unstillbaren Sehnsüchte und Verführungen mittels Illusionen und Täuschungen; denn er begründet seine Macht auf Zeit und Raum, die sich erschöpfen. Der Götzendienst regiert eine vom Menschen konstruierte Welt, die aus Irrlichtern und Lockrufen besteht – ähnlich jenem Ruf, der die Lerche direkt in die Fänge des Jägers lockt. Und doch gibt es auch jenen Teil der Seele, der immer dem Inneren, dem Geist, zugekehrt ist. Dieser Teil, stets der Unendlichkeit verpflichtet, ist ein Fundament, das uns Halt gibt. Wenn allerdings die Seele nicht gut im Geist der Wahrheit verwurzelt ist, riskiert sie, sich zu verlieren, ja zu zerbrechen. Das zeigt die wachsende Zahl an psychischen Erkrankungen in unserer Zeit. Der Kontakt mit den äußersten Rändern des Lebens deckt blockierte Schwellen auf – manchmal jedoch, für kurze Augenblicke, öffnen sich diese Schwellen. Oder, sie geben sich immerhin mal zu erkennen.»

«Ich glaube zu verstehen, was dir geschehen ist.»

«Während meiner Erkrankung, ich war damals eben zwanzig geworden, spürte ich, wie mir der Tod näher kam. Ich sah ihn, direkt vor mir, feindlich und dunkel. Das war die Wahrheit, von der ich nichts wissen wollte. Die undurchdringliche Ursache für meine Ängste bestand im Trugbild einer Schranke, die mich von der Quelle des Lebens fernhielt. In mir war die Erinnerung an das Licht wie verschwunden. Ich wähnte mich vor einer verschlossenen Türe. Dieses Bild wurde stärker und rief in mir alte Geschichten wach. Die nachfolgenden Reisen auf der Suche nach den Wurzeln trieben mich dazu, die antiken Steintore zu durchschreiten, die den heiligen Raum bewachten. Die Tempel Ägyptens und Griechenlands waren archaische Zeichen meiner schmerzhaften Erinnerung an das Unmögliche. Ja, das Unmögliche stand mir stets vor Augen. Nach der Entdeckung der Stille jedoch hörte ich auf zu flüchten. Ich begann, mich mit ganzer Seele jener schmerzhaften Wahrheit zu widmen. Die Sehnsucht nach den Wurzeln ließ in mir die Erinnerung an das Göttliche erwachen und ließ mich meine sämtlichen Blockaden sehen. Ich bekam sie zu spüren. Damit betrat ich mein eigenes Fegefeuer, meine eigene nackte Wahrheit. Ich hatte mich auf meine Stufe gestellt, ganz präzis dorthin, wo ich zu sein hatte. Ich verstand, dass es nicht wichtig war, nach Griechenland, Ägypten oder Jerusalem zu reisen, um dort meine Wurzeln wiederzufinden. Es genügte, dortzubleiben, wo sich meine tiefste Wahrheit befand, und das war vor einer verschlossenen Türe. Ich wusste, dass ich von hier aus nicht mehr flüchten konnte. Wie eine Bettlerin vor dem Tor zu einer abgesperrten, fremden Stadt stand ich da. Um etwas Kleingeld flehend, um eine Krume jener Dimension, zu der ich damals noch keinen Zugang hatte.»

«Das heißt, dieses ‹da stehen›, wie du es nennst, machte dir bewusst, dass es eine unzugängliche Realität gab. Wenn du diese Realität jedoch als unzugänglich erkanntest, dann müssest du sie doch bereits wahrgenommen haben. Mir kommt dazu ein Zitat des heiligen Augustinus in den Sinn: ‹Ich würde dich nicht suchen, wenn ich dich nicht bereits gefunden hätte.›»

«Tatsächlich, die Seele nahm es bereits wahr, das ist gewiss; sie war durstig und brannte. Doch die Mauer war gewaltig, und ich wurde immer kleiner. Es gab da diese Schranke, doch dank der Stille war es mir möglich, sie wahrzunehmen und den Schmerz stehen zu lassen. Ich blieb dort und ließ mich ganz los. Es war mir nicht bewusst, dass dies Meditation war. Ich stand ganz einfach im Kontakt mit meiner Wahrheit. Ich blieb und basta! Mein Hier und Jetzt war dieses ‹da stehen›, vor der verschlossenen Mauer. Der Schmerz war groß, aber auszuhalten. Und dies war dann auch die große Neuheit: In der Stille wird das Unmögliche möglich! Alles begann sich wieder miteinander zu verbinden, auch jene unzugängliche Welt. Ich spürte nun, dass es sie gab, dass sie aktiv war und immer präsenter wurde. Sie führte mich an den Nullpunkt und befreite mich von jeder Illusion, von jeder Maske. Heute weiß ich: Die Mauer des Todes war die Finsternis des Verstandes und des Herzens, die sich dem Licht gegenüber verschlossen hatten.»

«Schwellen, Licht, Wahrheit … Wie du sagst, eins nach dem anderen. Befreiung und reinigende Heilung führen gemeinsam zu den Schwellen der unsichtbaren Welten.»

«Ja, lieber Paolo, genau so! Lichtstrahlen durchzuckten mich wie Blitze in der Nacht, sie zerfetzten meine Finsternis. Horizonte in buntesten Farben taten sich mir auf, auch Horizonte der Apokalypse. Selbst der matteste Strahl jenes unsichtbaren Lichts löst, wenn er auf das Bewusstsein trifft, ein inneres

Erdbeben aus. Alle früheren Konstrukte stürzen ein, Schutt und Asche überall. Das Unbehagen führt dazu, dass man nun diese flackernden Lichtstrahlen als das höchste Gut sucht. Verglichen mit diesem Aufflackern, wird alles zweitrangig. Die Mauer stürzte ein, und es eröffneten sich neue Horizonte. Es waren Augenblicke, wie wenn jemand auf den Gipfel der Welt gebracht wird, von dem aus sich die gesamte Unendlichkeit der Schöpfung überblicken lässt. Diese Augenblicke hinterließen unauslöschbare Spuren, einen unverwechselbaren Geschmack, so ganz anders als alles andere. Sie schenkten mir eine Kraft, wie ich sie bis dahin nicht gekannt hatte: den Mut zu leben. Und so öffnen sich die Höllen.»

«Deine lebhafte Schilderung macht alles viel verständlicher. Bitte, fahr damit fort!»

«Es war nicht einfach. Das Neue, das in mir geboren wurde, vertrug sich nicht mit dem Alten. Es war ein Krieg zwischen mir und mir. Jene Seite, die nachgegeben hatte, vertraute, die andere hielt dagegen. Stille, Einsamkeit – das sind notwendige Voraussetzungen, um diesen inneren Konflikt zu ertragen. Die Glückseligkeit, die durch den Kontakt mit den tiefen Ebenen entstand, hob gleichzeitig die höheren Ebenen aus den Angeln und schürte den Schmerz – einen aushaltbaren Schmerz jedoch. Der Rückzug beschützte mich und erlaubte, meine Kräfte zu sammeln.

Die Scham war groß, fest, unverrückbar, in mir drin war etwas zerbrochen. Auf klarste Weise nahm ich in mir zwei verschiedene Möglichkeiten wahr, zwei unterschiedliche Ebenen des Lebens, zu denen ich Zugang hatte: jene von früher, mit ihren Sicherheiten, ihren Denkschemen – und jene flüchtige, nicht fassbare Ebene. Die Vernunft rebellierte, sie wollte nicht nachgeben. Ein ständig quälender Zweifel ließ mich glauben, ich würde träumen. Niemand konnte mich der Gewissheit jener neuen Ebenen versichern, die sich mir gezeigt hatten. Ein Teil in mir drin vertraute ohne Vorbehalt, ein anderer hielt dagegen, kämpfte an. Es war schwierig, darüber zu sprechen. Das Einzige, was ich konnte, war, diesen Schatz zu behüten, und zwar in der Stille. Und genau das tat ich, wie du weißt, viele, viele Jahre lang.»

Ich sitze im Zug, kehre nach Rom zurück. Etwas macht mich unruhig. Ich blicke nach draußen. Die grüne Landschaft fliegt an mir vorbei. Ich frage mich: «Auf welcher Schwelle befinde ich mich?» Ich spüre Angst aufkommen, versuche mich zu beruhigen und schlummere dabei fast ein. Dann endlich lasse ich mich los und denke an nichts mehr.

Die Auferstehung

Kaum in Florenz angekommen, entscheide ich mich, bei Santa Lucia sul Prato vorbeizuschauen. Das ist die Pfarrei, in der Antonella seit Jahren Meditation und Stille anbietet. Ich habe es bisher nie geschafft, daran teilzunehmen. Jetzt möchte ich wenigstens den Ort sehen.

Die Kirche befindet sich gleich hinter dem Bahnhof Santa Maria Novella; in wenigen Minuten bin ich dort. Als ich die Kirche betrete, hat es soeben 9 Uhr geschlagen. Die Kirche hat die traditionelle Form eines Kreuzes mit dem zentral gelegenen Altar und zwei seitlichen Kapellen, der Raum wird von schlichten steinernen Arkaden getragen. Ich bin beeindruckt von einer mittelalterlichen Freske an der linken Wand, auf der die Verkündigung abgebildet ist. Dann nähere ich mich der Tür zur Sakristei; sie steht offen. Eine ältere Frau unterhält sich mit einem jugendlich wirkenden Mann. Gewellte kastanienbraune Haare, ungepflegtes Bärtchen, T-Shirt und Jeans. Ich erinnere mich an Antonellas Beschreibung und denke sofort an Don Paolo, den Geistlichen, mit dem sie befreundet ist. Don Paolo hat Antonella auf gewisse Weise den Weg geebnet, er hat sie eingeladen, hier ihre Treffen durchzuführen. Er ist taktvoll, still: hört einfach zu. Ein Mann, der wirklich nichts Klerikales an sich hat.

Ich gehe weiter und setze mich für eine Weile in eine Bank. In der Kapelle zu meiner Rechten flackern die Teelichter, die vor dem Bild der heiligen Lucia, der Heiligen des Lichts, angezündet worden sind. Der Raum wirkt besänftigend, klärend. Ich fühle mich wohl, in Frieden. Nach einigen Minuten verlasse ich die Kirche und gehe eine breite Straße entlang, die von herrschaftlichen Häusern aus dem 19. Jahrhundert gesäumt wird. Ich folge der Promenade entlang dem Arno, gelange zur Ponte Santa Trinita, um dann den Weg einzuschlagen, den ich immer nehme, wenn ich Antonella besuche.

Bei Antonella angekommen, erzähle ich ihr von Santa Lucia und von den Personen, die ich in der Sakristei gesehen habe. Aufgrund meiner Beschreibung hat sie keine Zweifel, dass es sich um Don Paolo gehandelt hat. Antonella erzählt mir dann von den Treffen in der Kirche, bei denen es in diesem Jahr um das Thema der Auferstehung ging. Normalerweise spricht man darüber selten; für Antonella hingegen ist es ein wichtiges Thema. Unvermittelt stelle ich die Frage: «Wird es dir gelingen, mir mit wenigen und einfachen Worten etwas über die Auferstehung des Fleisches zu sagen? Für mich ist das ein Dogma, das nur schwer zu akzeptieren ist.»

«Das Christentum spricht nicht von der Unsterblichkeit der Seele, sondern von der Auferstehung des Fleisches. Ich habe die Notwendigkeit gespürt, dieses Thema anzugehen, nachdem mich eine einfache Einsicht wie ein Blitz getroffen hatte: Die

Auferstehung des Fleisches geschieht hier auf Erden, und zwar indem das alltägliche Leben umgestaltet wird. Sie ist das Zeichen der Wiedergeburt für all jene, welche die Feuertaufe annehmen; das heißt: für jene, die sich dem Wirken des Heiligen Geistes öffnen. Diese Taufe setzt einen Keim neuen Lebens, der in der Tiefe wirkt und das irdische Leben allmählich in das ewige Leben verwandelt. Ich habe unseren Treffen den Titel gegeben: ‹Auferstehung im Vollzug. Das ewige Leben im Hier und Jetzt des Alltags›. Auferstehung des Fleisches bedeutet, hier und jetzt an der göttlichen Menschlichkeit von Christus teilzuhaben. Wer sich von Christi Liebe berühren lässt, beginnt zu einem neuen Leben zu erwachen, und zwar innerhalb der Zeit.»

«Diese Interpretation höre ich zum ersten Mal.»

«Die Auferstehung Christi ist ein kosmisches Ereignis, eine kopernikanische Revolution. Sie kennzeichnet den Übergang auf eine höhere Ebene des Lebens, auf eine höhere Stufe der Schöpfung. Zu den verschiedenen Welten, die wir kennen – vom Reich der Mineralien bis hin zu jenem der Menschen –, tritt das Himmelreich hinzu.»

«Jetzt kann ich dir weniger gut folgen... Gewisse Bezüge, die du herstellst, verwirren mich. Könntest du es nochmals erklären?»

«Die Auferstehung beginnt mit dem achten Tag, doch der sechste Tag, also die Zeit, in der Gott den Menschen erschafft, ist noch nicht abgeschlossen, weil sich die Vollkommenheit, die sich in Jesus Christus realisiert hat, vorweg noch in jedem Menschen zu verwirklichen hat. Der achte Tag ist dynamisch. Er besteht in einem neuen Schöpfungszyklus, in dem der vorangehende Zyklus transformiert und auf eine höhere Ebene gehoben wird. Seine unabdingbare Voraussetzung ist die Umwandlung des Schauens. An die Auferstehung zu glauben, bringt mit sich, dass der menschliche Geist aufhört, sich mit Raum und Zeit zu identifizieren, und er sich dem Unendlich-Ewigem öffnet. Alle Vorgaben der Wahrnehmung werden auf den Kopf gestellt.»

«Statt mich nur zu verunsichern, verwirrst du mich nun auch noch …»

«Wie ist das möglich?», hält mir Antonella entgegen. «‹Dies ist unser Glauben›, proklamiert doch dein Namensvetter Paulus … An die Auferstehung zu glauben, heißt, hier und jetzt am ewigen Leben teilzuhaben. Die Tiefe der Seele beginnt das göttliche Leben wahrzunehmen, sie dringt über die räumlich-zeitlichen Begrenzungen hinaus. Die Ewigkeit ist nicht etwa eine Zeit, die nie aufhört, wie wir uns das gerne vorstellen. Sie ist vielmehr die Intensität der Liebe, die im göttlichen Anfang verwurzelt ist und die nie die Erinnerung an sich selber aufgibt.»

«Ja, das ist unser Glauben», sage ich. «An die Auferstehung glauben bedeutet also, sie zu leben?»

«Es bedeutet, im alltäglichen Leben an ihr teilzuhaben. Jesus, der neue Mensch, ist der Auferstandene, und zwar nicht erst seit der Passion und dem Tod. Das ist er bereits während seines irdischen Lebens. Dies beweist die Verklärung auf dem Berg Tabor, als den Aposteln die Augen aufgehen und sie Jesus in seiner Lichtgestalt sehen, so wie ihn das göttliche Bewusstsein sieht. In den synoptischen Evangelien wird die Auferstehung übrigens immer mit Galiläa zusammengebracht: ‹Nach meiner Auferstehung gehe ich euch voraus nach Galiläa.› In Wirklichkeit erscheint Jesus den Frauen am Grab, den Aposteln im Abendmahlsraum, also in Jerusalem. Galiläa repräsentiert den Ort, an dem das Himmelreich auf der Erde zu wachsen begonnen hat, also dort, wo Jesus sich der Welt zeigt und seine göttliche Menschennatur offenbart. Dort werden die Apostel von seiner Liebe berührt und leben mit ihm eine neue, bislang unbekannte Realität. In Jesus sind Mensch und Gott nicht mehr getrennt. Im Kontakt mit der göttlichen Menschennatur Christi wird die menschliche Natur geheiligt, sie wird vergöttlicht. Es beginnt eine neue Schöpfung, in der alles, was geschieht, auf der Ebene der Liebe geschieht.»

«Für mich war die Auferstehung immer etwas Fernes, als ob ich nichts damit zu tun hätte. Na ja, ich bin froh, mich ihr etwas anzunähern ...»

«Zwischen dem Endlichen und Unendlichen gibt es keine Trennung, stattdessen besteht ein Kontinuum, das bestimmte Übergänge kennt. Das Evangelium verlangt die Bereitschaft zu einem Quantensprung. Den Geist zu verändern, bedeutet, den Abgrund der Trennungen zu überqueren, sich für den Quantensprung der Auferstehung bereitzuhalten. Jegliche Trennung fällt weg, zwischen Materie und Spiritualität, Seele und Körper, Endlichkeit und Unendlichkeit. Es entsteht jener neue Blick, der fähig ist, die Bezüge zwischen allen Dingen wahrzunehmen. Verstand und Glaube, Wissenschaft und Spiritualität werden zusammengehen müssen.»

«Dann ist die Auferstehung also so etwas wie der Ort, an dem alles zusammenkommt?», frage ich.

«Exakt! Genau das habe ich zu sagen versucht. Die Auferstehung ist eine lichtvolle Realität, in der alles in der Einheit der Liebe zusammenfindet. Jeder Quantensprung fordert große psychische und spirituelle Anpassungen. Wie viel Zeit brauchte damals die menschliche Psyche, bis sie die kopernikanische Revolution verarbeitet hatte? Es sind hundert Jahre vergangen, seit Einstein die Relativitätstheorie entdeckt hat; aber wie viel davon ist vom menschlichen Bewusstsein tatsächlich verarbeitet und aufgenommen worden? Wie viel Energie wird wohl der neue Quantensprung benötigen? Psychisch ist der Mensch immer mit der Masse verbunden, dem Gewicht, dem Zeit-Raum-Kontinuum. Die Quantenmechanik und die Relativitätstheorie implizieren – extrem verkürzt gesagt – eine Vorstellung der Realität, in der alles dynamisch und miteinander vernetzt ist. Und das ist auch der entscheidende Schlüssel für die Auseinandersetzung mit unserer heutigen Zeit und all ihren irreversiblen Widersprüchen. Die Lösungen liegen bereit, doch wir können sie nicht sehen, weil unser Blick noch verschleiert ist.»

«Der Bezug zur Quantenmechanik macht mir etwas Mühe», werfe ich ein. «Kannst du es mir nochmals erklären?»

«Jede Realität besteht nicht um ihrer selbst willen, sondern sie ist relativ zu anderen Realitäten – und das gilt auch für Realitäten, die unsichtbar sind. Die Quantenmechanik ist eine Hilfe, um die Verbindungen zwischen den tiefer liegenden Ebenen und den höchst subtilen, kleinstmöglichen Realitäten wahrzunehmen und deren Verlauf und Kontinuität zu verstehen. Gleichzeitig jedoch stellt sie ein enormes Risiko dar, wenn sie nicht vom Gewissen und von der Spiritualität getragen wird, denn in ihr liegt die Kraft zu einer außerordentlichen Entfaltungsmöglichkeit. Wissenschaft und Spiritualität müssen gemeinsam vorwärtsschreiten. Die Atombombe mit ihrem dunklen Lichtpilz beispielsweise bedeutet auf der spirituellen Ebene den eklatantesten Machtmissbrauch im Zusammenhang mit den schöpferischen Kräften. Im Gegensatz dazu ist die Auferstehung das lichterfüllte, wirksame Verströmen dieser schöpferischen Energie. Auch die Wissenschaft leuchtet aus dieser Energie heraus, wenn auch unbewusst. Nach der Aufklärung wurde die Trennung zwischen Verstand und Glaube immer ausgeprägter. Dabei ging vergessen, dass der Verstand nicht mit dem Einzelnen verknüpft ist, sondern mit dem Allgemeinen. Die Physik hat in der Quantenforschung außerordentliche Leistungen erbracht; doch die Machtstrukturen, die Technologie, versuchen sofort, diese Erkenntnisse für nützliche und oftmals zerstörerische Zwecke zu instrumentalisieren.»

«Möchtest du damit sagen, dass auch die Wissenschaft vom Lichte der Auferstehung schöpft, sich dessen aber nicht bewusst ist?»

«So ist es. Die folgende Entsprechung scheint mir offensichtlich: Christus steht für die Auferstehung, wie der Antichrist für die Atombombe und die Selbstzerstörung steht. Die große Angst, die sie in der Welt ausgelöst hat, führte zwar, ungeachtet des Widerspruchs, im Westen zu einer längeren Phase des Friedens und zu einem erstarkten Bewusstsein, doch die Gefahr einer missbräuchlichen Verwendung der nuklearen Energie bedroht uns nach wie vor. Der Antichrist ist das Konzentrat all dessen, was im Gegensatz zu Christus steht. Er repräsentiert den Kern der egoistischen, zerstörerischen, gefräßigen Mächte. Christus bereitet auf die Ewigkeit vor. Der Antichrist missbraucht die Endlichkeit. Christus befreit. Der Antichrist besetzt. Er steht kontinuierlich in Kontakt mit Christus; misst sich mit ihm, lernt von ihm, wächst durch ihn, aber immer, um sich selber zu stärken. Christus sendet Licht aus und sinkt immer weiter in die Tiefe. Der Antichrist ernährt sich von diesem Licht und benutzt es für seine eigenen verantwortungslosen Pläne. Die Gefahr ist groß. Auch dank technologischer Mittel haben sich die gegnerischen Kräfte die Herrschaft über immer subtilere Ebenen gesichert, in einer Art und Weise, die fast nicht mehr durchschaut werden kann. Doch je stärker sie werden, desto stärker wächst die Liebe über sich hinaus, um ihnen Einhalt zu gebieten. Die Liebe ist bedingungslos, unendlich. Die gegnerischen Kräfte sind an das Nützliche gebunden, an das Endliche. Und daher sind sie auch dazu verurteilt, sich zu erschöpfen – genauer: ein Ende zu finden.»

Die Stimme der Mutter

Jeden Sonntagmorgen begibt sich Antonella zu Fuß zum Grab ihrer Mutter. Anschließend sucht sie ihren Vater auf. Sie geht bis zur Porta Romana, geht die Via San Gaggio hoch und nimmt dann die alte Via del Podestà, eine nur wenig befahrene Straße, an der man nahe des Galluzzo Quartiers den kargen Palast der Gemeinde mit seinen Wappen erblicken kann. Antonella ist in diesem Viertel geboren worden, und sie lebte dort, bis sie 24 Jahre alt war. Ins Zentrum der Stadt sind es von dort etwas mehr als drei Kilometer.

«In diesem Quartier überkommt mich immer eine große Ruhe, vor allem auf der Via del Podestà. Die niedrigen Häuser, die schmiedeeisernen, leicht angerosteten Tore, die verwunschenen Gärten. Hinter den Trockenmauern ragen die Wipfel von Olivenbäumen hervor, Glyzinien, Jasmin – ein starkes Heimweh begleitet mich bei jedem Schritt. Weiter oben begegnet man ehemaligen Klöstern und alten Villen, auf deren weißen Mauern sich das Grau der Steine abzeichnet. Oben auf dem Hügel, nach dem Konvent der Suore Stimmatine und noch vor der Via del Portico, kann man auf ein silbern flackerndes Meer von Olivenbäumen blicken. Dann führt die Straße hinab, eine dunkle Wand aus Zypressen entlang. Dort, versteckt im Grünen, befindet sich das alte Eisentor des Friedhofs, auf dem meine Mutter ruht.»

«Wie lange ist es her, dass sie gegangen ist?»

«Nun sind es vier Jahre. Je mehr Zeit verstreicht, desto stärker lebt in mir die Erinnerung an sie auf. Sobald ich den Friedhof betrete, hüllt mich die Stille ein und versetzt mich in einen anderen Zustand. Ihr Foto auf dem weißen Kreuz schaut in die Richtung der Certosa. Hier, an diesem geschützten Ort, hinter den Mauern der Hauptkapelle, gibt es immer Sonne. Heimweh und eine tiefe Freude vermischen sich hier zu einer kraftvollen Intensität. Ich wechsle die Blumen aus, gebe Wasser, räume auf. Stille, Ruhe, Frieden. Amen!»

Antonella nimmt anschließend wieder den Weg auf, der zum Dorf führt. Vorbei an der Kirche Santa Lucia und dem Palazzo Podesteria erreicht sie die stark befahrene Via Senese. Sie überquert sie und gelangt in eine Grünzone, in der sich auch das Haus ihres Vaters befindet. Man sieht ihm seine bald neunzig Jahre kaum an. Er ist noch selbständig, kümmert sich um alles, Haus und Garten, ganz allein. Und noch immer repariert er Uhren, vor allem alte Exemplare.

«Ich bin stolz auf meinen Vater. Er lädt mich öfters zum Mittagessen ein. Wenn ich ankomme, ist immer schon alles aufgetischt. Wir setzen uns an unsere Plätze, wie wir das immer schon taten. Der Platz der Mama bleibt leer; doch ihre Abwesenheit ist eine konstante Präsenz.»

«Möchtest du von ihr erzählen?»

«Die letzten gemeinsamen Jahre, ihre Zeit der Krankheit, waren die innigsten. Sie wusste nichts von der Krankheit, niemand wusste es. Nur ich und der Vater. Es war eine höchst seltsame Angelegenheit. Das Verdikt traf uns aus heiterem Himmel, es kam nach einer Ultraschalluntersuchung bei einer Routinekontrolle. Mama zählte damals 77 Jahre, ihr ging es gut. Beim Ultraschall war ein Klumpen hinter dem Magen zu erkennen gewesen. Die Computertomographie sprach dann Klartext: Tumor am Kopf des Pankreas. Lebenserwartung: drei Monate. Es war ein immenser Schmerz: Ein Hund hatte sich bei mir in die Magengegend verbissen. Vom Schmerz gezeichnet, begab ich mich in die Pustinia. Dort, bewegungslos, verschwand ich, wohin, weiß ich nicht. Der Biss wurde schwächer. Als ich wieder aufstand, war der Schmerz verschwunden. Die Aussicht jedoch, meine Mutter leiden zu sehen, bekümmerte mich zutiefst. Sie war so schutzlos, rein. Da der Bescheid der Ärzte in seiner Terminologie kaum verständlich war, einigten wir uns darauf, ihr zu sagen, dass es sich um eine Zyste handle. Mama akzeptierte diese Version, ohne dass sie nach weiteren Erklärungen verlangte. Sie vertraute uns voll. Gleich danach begannen die Abklärungen bei den Onkologen. Angesichts der Befunde sagten alle das Gleiche voraus: eine Lebenserwartung von wenigen Monaten, Eingriffe für eine Biopsie, dann Chemotherapie.»

«Wie ist es dir gelungen, vor ihr die Wahrheit zu verheimlichen? Dass die Ärzte vor deiner Mutter nicht über die Krankheit sprachen?»

«Die meisten Arztbesuche machten wir ohne Mama, nur der Vater und ich. Es war aber nicht einfach, es vor ihr geheim zu halten. Sie wusste nichts, vermutlich wollte sie es auch gar nicht wissen. Diesen Weg hatten wir eingeschlagen. Am Tag vor der Operation fühlte ich, wie in mir große Unruhe aufkam. Ich beschloss, nochmals mit dem Chirurgen zu sprechen. Ich setzte mich vor die Türe seiner Praxis und wartete. Als er sich zeigte, fragte ich nach dem Sinn des Eingriffs und der anschließenden Chemotherapie, angesichts der Tatsache, dass es Mama gut ging und sie so oder so nur noch wenige Monate zu leben hatte. Wozu sollte ihr diese Quälerei zugemutet werden? Der Chirurg antwortete, dass dieses Vorgehen eben zum üblichen Verlauf gehöre, worauf ich mich freundlich von ihm verabschiedete und ihm sagte, die Operation werde nicht stattfinden. Ich liebte Mama über alles. Dass ich für sie nun diese Entscheidung getroffen hatte, machte mir Angst. Ein befreundeter Arzt beruhigte mich allerdings. Er bestätigte mir, dass ich richtig entschieden hatte.»

«Das brauchte gewiss viel Mut. Doch was geschah dann?»

«Mama willigte ein, einen alternativen Weg zu beschreiten. Ich entschied mich für einen anthroposophischen Arzt; dieser unterzog sie einer rigorosen Kur, ergänzt durch eine Diät ohne tierische Proteine. Während der Zeit meiner Krankheit hatte meine Mutter bereits die Makrobiotik kennengelernt. So fiel es ihr nicht schwer, auf eine Ernährung umzustellen, die auf Gemüse und Vollkorngetreide basierte. Es ging ihr dann auch bald besser. Ihr gesamter Organismus profitierte davon. Sie setzte ihr gewohntes Leben im Haus fort, umgeben von den Menschen, die sie liebte.»

Als ihr Vater den Sommer im Häuschen auf Elba verbrachte, zog Antonella für einige Zeit zu ihrer Mutter.

«Frühmorgens machte Mama jeweils einen Spaziergang, den Bach entlang zum Park. Ich ging mit ihr. Die Bäume spendeten Schatten, das Gurgeln des Wassers begleitete uns bis hinunter zum Platz mit den riesigen weißen Pappeln. Auf dem Rückweg besorgten wir den Einkauf auf dem Marktplatz, bei den Bauern, wie zu Großmutters Zeiten. Später dann, während der Tageshitze, machten wir im Haus alle Luken dicht. Die Nachmittage verbrachten wir auf dem Bett, indem wir uns amerikanische Filme aus der Nachkriegszeit zu Gemüte führten, die ich in der Gemeindebibliothek auslieh. Und so zog sich die Zeit der Krankheit hin. Sie dauerte aber nicht bloß einige Monate, wie es die Ärzte verkündet hatten, sondern dreieinhalb Jahre. Es war eine intensive Zeit, eine innige Zeit, während deren sich die Mauern und Distanzen zwischen uns auflösten. Der Vater und ich waren allerdings stets in Sorge, weil wir nicht wussten, wie es weiterging; wir befürchteten, es könnte sich vom einen Moment auf den anderen alles überstürzen. Damals erlebte ich, was die Kraft des Glaubens bedeutet. Ich habe den tieferen Sinn der absoluten Hingabe kennengelernt. Nach drei relativ ruhigen Jahren begannen sich Symptome bemerkbar zu machen. Sie aß immer weniger und wurde immer schwächer. Der Verfall setzte ein. Mama machte zwar weiterhin, was sie immer getan hatte. Doch sie wurde immer gebrechlicher. Irgendwie hoffte sie auf eine Besserung. Und ich hatte Schuldgefühle, weil ich sie hinters Licht geführt hatte. Sie stellte jedoch keine Fragen und versuchte nicht, die Situation verstehen zu wollen. Vater blieb stets in ihrer Nähe, höchst aufmerksam, immer bereit; auch wenn es für ihn nicht einfach war. Als es ihr nicht mehr möglich war, Nahrung aufzunehmen, wendeten wir uns an eine Organisation für Palliativpflege. Denn inzwischen war sie gestürzt und hatte sich mehrere Rippen gebrochen. In einem kurzen Zeitraum ging alles zu Ende. In all den Jahren hatte ich über sie gewacht, sie im Lichte des Auferstandenen gehalten. Ich hatte alles der lebendigen Kraft der reinen Liebe übergeben. Mama blieb heiter, sie hatte keine Schmerzen. Sie litt nur, wenn sie sich aufraffen musste, um Nahrung zu sich zu nehmen. Mild, vertrauensvoll, doch immer schwächer. Ganz Hingabe, lag sie auf ihrem Bett, hinter dem offenen Fenster viel Grün, die Luft, eine leichte Brise. Krämpfe befielen Mama nur am vorletzten Tag, als ihr das Morphin eingespritzt wurde und sie das Bewusstsein verlor. Da wurde ihr Blick abwesend, starr. Es wurde eine lange Nacht, sie begann schwer zu keuchen. Am Morgen waren ihre Hände ganz kalt. Der Arzt stellte ein Nierenversagen fest. Sie litt, weil es nicht möglich war, das Morphin abzubauen. Der Arzt sagte uns, dass er ihr ein Betäubungsmittel geben werde. Das brachte mich durcheinander. Ich bat um Zeit, ich wollte die Verwandten zusammenrufen. Der Arzt versprach, am späten Vormittag wieder vorbeizuschauen. Die nächsten Verwandten kamen. Mama litt sehr. Und dann entlud sich draußen, nach Tagen einer großen Hitze, ein Gewitter. Bei jedem Donner bewegte Mamma ihre Augen, als ob sie verstehen würde. Dann gingen alle, nur ich blieb bei ihr zurück. Ich hatte immer dafür gebetet, sie bis zum letzten Moment begleiten zu dürfen und im Augenblick des Übergangs präsent zu sein. Ich saß auf dem Bett und hielt ihre Hand. Ihr Atem wurde immer langsamer. Es war Sonntag, die Mittagsglocken läuteten. Ich begann das Angelusgebet zu sprechen, rief den Engeln, den Heiligen, der Nonna und dem Nonno, Padre Bonanni zu: ‹Kommt, nehmt sie mit, sie ist bereit!› Ganz langsam ließ der Druck ihrer Hand nach. Ein letzter Atemzug, dann keiner mehr.

Ganz sanft, so wie sie gelebt hatte, ging sie.

Mein heftiges Schluchzen ließ den Vater herbeieilen. Er schloss sofort ihre Augen, und ich begann ohne Unterlass zu sagen: ‹Mein Engel, mein Engel …› Ich verstand instinktiv, dass ich nun einen Engel im Himmel hatte. Sie blieb noch für zwei ganze Tage bei uns. Als Aufbahrungsraum richteten wir das Esszimmer her, wo sie ihren Lieblingsplatz gehabt hatte. Der in Schwarz gekleidete Körper strahlte eine große Würde aus, als ob sich der Adel ihrer Seele nun ganz im Gesicht ausdrücken würde. Jetzt erst verstand ich, dass sich hinter der Fügsamkeit, die sie so sanft und gelegentlich auch etwas naiv erscheinen ließ, eine große innere Kraft verbarg, dank der sie alles ohne Widerstand hatte akzeptieren können. In ihrer Unschuld verstand sie alles, sehr wahrscheinlich auch ihre Krankheit. In jenen zwei Tagen gab es ein Kommen und Gehen von Verwandten und Freunden. Alle waren sie überrascht. Niemand hatte um die Krankheit gewusst. Und so erzählten wir ihnen unsere Geschichte. Bei der Beerdigung erklang das Festtagsgeläut, wie sie es sich gewünscht hatte. Die Kirche war übervoll, und die Stimmung voller Freude. Die Zeremonie glich mehr einer Hochzeit als einer Beerdigung. Mit ein paar Menschen, die ihr sehr nahegestanden hatten, begleiteten wir sie auf den Friedhof. Die heiße Augustsonne warf ein blendendes Licht auf die mit weißen Kreuzen übersäte, geheiligte Erde, mitten im hügeligen Grün.»

Etwas in Antonellas Bericht beeindruckte mich besonders. Nach dem Sterben ihrer Mutter, und als niemand mehr im Raum war, begann sie mit einem Mal deren Stimme zu vernehmen, die nach ihr rief.

«‹Lella! Lella!› Das war mein Spitzname. Sie wiederholte ihn mit heller Stimme, voller Staunen und Verwunderung. Innerlich lächelte sie mir mit strahlendem Antlitz zu. Einige Tage später, am Grab, erreichten mich die Worte: ‹Die reine Liebe stirbt nicht. Sie lebt für immer. Sie ist die Substanz des göttlichen Lebens.› Ich war nicht sonderlich überrascht. Unsere Herzen waren wie verschmolzen. Ich hatte den Eindruck, an dem teilzuhaben, was sie jetzt lebte.

In den Jahren zuvor hatte es für mich ähnliche Erfahrungen im Kontakt mit lieben Verstorbenen gegeben, etwa mit Padre Bonanni, Chiara von Cerbaiolo, meiner Nonna. Für mich war es normal, mit denen, die ich liebte, weiterhin in Beziehung zu stehen, besonders mit der Nonna. Nach ihrem Tode hatte sie zu mir gesagt: ‹Während ich im Sterben lag und litt, sah ich alles und verstand, doch ich konnte nichts mehr sagen. Der starke Schmerz hatte alle Schleier weggezogen. Ich werde immer über dich wachen. Der Lebendige ist in dir, er verlässt dich nie. Wenn sich die Sonne verdunkelt, hefte deinen Blick an den Horizont, und du wirst immer das Licht sehen, das im Herzen Gottes wohnt. Akzeptiere deinen Weg, er heißt: das ganze Leben lang beten. Warte dafür nicht bis zum letzten Tag, die Stunde des Leidens und des Abschieds. Beginne sofort, und du wirst glücklich sein.›

Ich habe immer gespürt, dass meine Nonna über mich wachte und dass sie es ist, der ich die Wiederentdeckung des Glaubens zu verdanken habe. Ihre Worte jedoch hatte ich vergessen. Ich habe sie wiederentdeckt, als ich in den Heften blätterte. Heute betrachte ich ihre Worte als prophetisch.»

Antonella berichtet, dass nach dem Tod der Mutter ihr Herz während der Stille jeweils zu ihrer Mama ging und sie etwas vom neuen Zustand wahrnehmen konnte, in dem sich die Mutter befand. Es war für Antonella selbstverständlich, sie dabei zu berühren.

«Sie spricht zu mir – oder anders gesagt: Ich spüre das, was sie mir mitteilen möchte. Was dabei genau geschieht, weiß ich nicht. Mich überkommen dabei tiefe Glücksgefühle. Es ist eine innige

Verbundenheit, die sich außerhalb der Zeit einstellt, eine umfassendere Zärtlichkeit, ein innigerer Trost, eine stärkere Umarmung, ein ‹Mehr›, wie bei allen himmlischen Dingen. Mama hatte darunter gelitten, dass sie mich nicht verstehen konnte und mich als Einzelgängerin erlebte. Das Erste, was sie mir dann zu vermitteln versuchte, bezog sich darauf. ‹Jetzt sehe ich, was du gesehen hast, was ich aber nicht sehen konnte. Jetzt sind wir beide in diese Vision eingebunden. Ich bin immer bei dir und lasse dich nie mehr allein. Mein Kummer bestand darin, dass ich dich nicht verstehen konnte. Doch ich sah nicht, was du sehen konntest. Jetzt sehe ich sogar noch mehr, und von hier aus werde ich dein Sehen stützen, damit jegliche Mühe von dir abfällt.› Tatsächlich, ich bin nicht mehr allein und unverstanden. Jetzt werde ich von ihr unterstützt. Ich spüre das ganz konkret. Undenkbare Dinge sind geschehen; sie hilft mir in den unterschiedlichsten Situationen, sie befreit mich von dem, was als Hindernis auf mich zukommt. Ich bin sicher, Paolo, dass es Mama war, die dich zu mir geführt hat.»

«Lies mir dazu bitte noch eine Passage aus deinen Heften vor.»

«Ich lese die ersten Seiten vor; so, wie ich die Worte von meiner Mutter erhalten habe:

‹Hier fließt die Zeit nicht. Es ist immer heute. Nur das Licht wechselt, es wird immer intensiver. Die Zeit steht still, weil sie dem Wahren verbunden ist, und das Wahre, das schon immer ganz da ist, blüht mit dem stets intensiver werdenden Licht immer stärker auf, indem es die Schleier der Unbewusstheit auflöst, welche die Zeit in Bewegung versetzen.

Ich bin im Frieden und im Licht. Was ich erhalte, gebe ich als Worte nach unten, in eure Richtung. Das Licht ist überall, und ich sehe es; doch die Welt, in der ihr euch befindet, erscheint in diesem Lichte wie eine dunkle Wolke. Um euch sehen zu können, muss ich in diese dunkle Wolke blicken und mich nach euren Lichtern umsehen, die sich im nebligen Dunkel nach dem Aufstieg sehnen. Wenn ich diese Dunkelheit vom Ort aus betrachte, an dem ich mich jetzt befinde, verliere ich nie jenes Licht aus den Augen, es ist so stark wie die Sonne am Mittag. Ich sehe es überall um mich herum, aber noch bin ich selber nicht im Innern dieser Vision. Ich befinde mich außerhalb, und doch ist das Licht ganz nahe und erfahrbar. Das Licht, das auf mich trifft und mich durchströmt, schenkt mir einen freudvollen, frohen Frieden, er lässt mich in Ruhe darauf warten, wie sich alles vollenden wird. Ja, alles ist schon daran, sich zu vollenden, denn, durchdrungen und gereinigt, bin ich mit jeder Welle lichtvoller und dem Licht näher. Und eine Welle, die ich bekomme, lasse ich zu euch weiterfließen, denn für euch schlägt mein Herz am meisten. Dieser Liebesfluss, der euch erreicht, wäscht und reinigt auch euch, er löst den Schmerz und lässt euch den Schmerz wie eine Sehnsucht nach mir erscheinen, nach mir, die ich dort oben bin und zu euch schaue, euch liebe. Ich bin aber auch da, wo sich euer ewiges Licht in euch befindet.

Der Schmerz des Abschieds trifft uns alle. Euch, die ihr uns zurücklasst, wie auch uns, die wir euch zurücklassen. Jene Welle, die mich durchdringt, lasse ich nun bis zu euch fließen. Ihr aber müsst sie annehmen und erspüren. Nur die entflammten Herzen leben die Liebe, die Licht, Feuer und Wärme ist. Und diese Wärme müssen wir erspüren, damit die Liebe lebendig bleibt und fließt und sie die Freude des Zusammenseins weckt, die Freude der Vereinigung. Die Liebe, die vereint, ist die Liebe Gottes. Wo es Einheit gibt, ist auch ein lebendiger Tropfen der Liebe Gottes, reine Liebe, da gibt es keine Schleier mehr. Von einem Tropfen reiner Liebe wird alles erfrischt, alles erfüllt sich mit Licht, und der Nebel entschwindet. Dieser aus reiner Liebe bestehende Tropfen lässt uns in das reine Licht eintreten. Wir schauen es nicht mehr von außen an, sondern von innen, von ganz drinnen. Das ist das Paradies. Und wir befinden uns dort, in diesem paradiesischen Tropfen, stets vereint. Und je mehr wir dortbleiben und jenes Gute annehmen, desto mehr verströmt sich das Gute um uns herum. Dieses Gute, das von jenem Tropfen herkommt, der zu Gott gehört, geht dorthin, worum das Herz weiß; und das wache Herz weiß darum. Dieses Zentrum der reinen Liebe, das uns beide vereint, hat mir den Impuls zu einer neuen Geburt verliehen. Der Himmel hat sich wie eine Sonne aufgetan; und sogleich war jeder Schmerz vorüber, als ob er von mir abgefallen wäre und es ihn nicht mehr geben würde – so wie es den Körper nicht mehr gab. Das Zurücklassen war nicht schwer, da ich mich innerhalb dieses Zentrums der Liebe befand;

und schon habe ich mich im Paradies wiedergefunden, das mich sogleich mit großem Licht empfing. Die Schau hat sich auf eine unbegrenzte Weise geöffnet und mir die Flügel gegeben, damit ich dort auch bleiben konnte. Ja, denn um in jenem Lichte zu bleiben, braucht es Flügel. Flügel der Leichtigkeit, wie sie nur die reine Liebe kennt. Der Engel kann vom Fleische auferstehen und vermittelt die Flügel, sodass man sich in der Leichtigkeit der Liebe bewegen kann. Ich hatte das Bedürfnis verspürt, anzuhalten, weil ich euch hier nicht finden konnte. Ich wollte euch sofort suchen gehen, um mit euch vereint zu sein. So bin ich also hier, wie unbewegt im Flug, damit es dem Licht möglich wird, ganz einzutreten und den Nebel der Bindungen zu reinigen, damit sie sich für immer in eine Vereinigung der Liebe verwandeln.›»

Damit endet Antonellas Mitteilung. Es war nicht immer einfach, die richtige Sprache zu finden und Antonella zu Wort kommen zu lassen. Einmal in sie eingetaucht, ist die Stille eine Realität, bei der man nicht weiß, wohin sie einen führt. Sie ist ein Weg, der kein Ende hat und dessen Abschnitte sich nur langsam zu erkennen geben. Vor mehr als zwei Jahren, als ich das erste Mal in den Zug gestiegen war, um zu Antonella zu fahren, wusste ich nicht, was mich erwarten würde. Jetzt ist alles viel klarer geworden. Ihre Erfahrung, kurz gesagt, zeugt von der engen Verbindung zwischen der irdischen und der spirituellen Welt. Zwischen diesen Welten gibt es keine unüberwindliche Distanzen; nur offene Türen, die zu durchschreiten sind.

PS

Ich habe Antonella dank meiner Zeitung kennengelernt, die mich mit einer Recherche über Stadteremiten beauftragt hatte. Das geschah während eines besonderen Augenblicks in meinem Leben, als in mir der Wunsch herangereift war, einem Mystiker zu begegnen. Ich bat Cristina Saviozzi um Hilfe, die Autorin eines Buches über Eremiten: *Come gufi nella notte* (San Paolo 2010) – *Wie Eulen in der Nacht*. Cristina erzählte mir von Antonella; weil ich für die Begegnung mit Antonella nach Florenz zu reisen hatte, empfahl mir Cristina, auch Julia Bolton Holloway aufzusuchen, eine Ordensschwester und Eremitin, Hüterin des Englischen Friedhofs bei der Piazza Donatello. Julia äußerte den Wunsch, im Verborgenen zu bleiben. Sie willigte zwar in eine Begegnung mit mir ein, aber nur um mir einige wenige Informationen für meine Recherche zu geben. Auch Antonella war zunächst eher abgeneigt, doch dann änderte sie ihre Meinung. Ich besuchte sie mehrere Male und erkannte, dass in ihr das klare Bedürfnis lebendig war, sich zu öffnen und ihre Erfahrungen mitzuteilen – in der Hoffnung, dass dadurch auch andere den Weg der Stille als eine mögliche Wirklichkeit für sich entdecken könnten.

So wurde dieses Buch geboren, zu zweit verfasst – das sagt viel, aber nicht alles. Für mich war es die

Gelegenheit, mich einer Dimension des Lebens anzunähern, die heute in der Gesellschaft wenig gilt, aber immer notwendiger wird. Es braucht dafür keine speziellen Talente, lediglich Sehnsucht, Geduld und ein aufrichtiges Bedürfnis, sich dem eigenen Innenleben zuzuwenden.

Meine Intention war es von Anfang an, die Stille sprechen zu lassen und ausschließlich das wiederzugeben, was aus Antonella hervorsprudelte, ohne große Überarbeitungen.

Dieses Buch kann nicht mehr als eine Kostprobe sein, eine Einladung, das zu erfahren, was das innerste und natürlichste Wesen eines jeden Menschen ausmacht.